„Peak Performance"

Klettertraining von A – Z
4. Auflage

W0094200

ISBN 3-930650-01-0

Auflage 4/2005

© by Guido Köstermeyer

tmms-Verlag

Maybachstr. 12

71404 Korb

www.tmms-verlag.de

info@tmms-verlag.de

Bildverzeichnis
Titel: Christian Lüke

Übungen: Guido Köstermeyer

Grafiken: Guido Köstermeyer

Fotos: Nicholas Delaleu, Martin Schepers

Klettern intensiv erleben

Inhalt

von der Theorie zur Praxis

Sicher sichern – SportKlettern, Eis, BigWall *von Michael Hoffmann*

„Technik, Taktik, Sicherung" lautet der Untertitel von Michael Hoffmanns bereits klassischem Sportklettern-Lehrbuch. Nun hat sich der Dr. Fels den wichtigsten Punkt – die Sicherung – noch einmal ganz genau vorgenommen. Zu Recht! „Sicher sichern" geht weit über das hinaus, was normale Kletterlehrbücher zum zentralen Thema des Klettersports bieten können und stellt die ideale und folgerichtige Ergänzung zu „Sportklettern" dar. Selbst alte Hasen können sich hier noch hilfreiche Tipps abholen, und für alle die nicht in jeder denkbaren Situation – bei Nacht und schlechter Sicht – einen bombensicheren Stand basteln können, ist Michael Hoffmanns Zweitling schiere Pflicht.

ISBN 3-926807-88-1 / 208 Seiten / 4. Auflage 2004 / 18.80 Euro / erscheint im Mai 2005

Sportklettern – Technik, Taktik, Sicherung *von Michael Hoffmann*

Von den Fachmedien hochgelobt, wurde das Lehrbuch binnen kürzester Zeit zum Standard. Für Anfänger und Fortgeschrittene gleichemaßen ein nicht versiegender Wissensquell. Eine kleine Themenauswahl aus dem Inhalt: Ausrüstung, Sichern, Grundtechniken des Kletterns, Vorsteigen an der Leistungsgrenze, der kontrollierte Sturz, Begehungsstile usw. Michael Hoffmann, Koordinator des Bundeslehrteams Sportklettern hat in vielen Publikationen Kompetenz bewiesen, dieses Lehrbuch ist sein Meisterstück.

„Wer dieses Buch bis jetzt noch nicht in seiner privaten Lehrbuchsammlung hat, kann dies jetzt bedenkenlos nachholen." Magazin Klettern 07/2001

ISBN 3-926807-88-1 / 208 Seiten / 4. Auflage 2004 / 18.80 Euro

...die Führer machen wir!

Unter diesem Motto entstehen bei Panico seit über 20 Jahren erstklassige Kletterführer. Egal ob Sportklettern im Frankenjura, Bouldern in der Pfalz, alpines Klettern im Wetterstein oder Eisklettern im Salzburger Land: mit den Panico Gebietsführern findet jeder sein Traumziel. Und für alle alpin ambitionierten Kletter die sich noch nicht so richtig auf ein Gebiet festlegen wollen ist unsere Auswahlführerreihe „Best of" Genuss (3. bis 6. Schwierigkeitsgrad) DIE Wahl. Sie wird 2005 um einen zweiten Band mit den schönsten Routen zwischen Andermatt und Marseille erweitert. Sämtliche Führer kann man unter www.panico.de anschauen und auch direkt beim Verlag gegen Rechnung bestellen.

weitere Titel gibt's auf

www.panico.der Alpinverlag

fax 07024.84377 / fon 82780
alpinverlag@panico.de

1 Einleitung

Jeder Sportler möchte im Rahmen seiner Möglichkeiten Optimales leisten. Beim Zustandekommen einer sportlichen Leistung spielt eine Vielzahl von Faktoren eine Rolle. Stellen wir uns einen Kletterer vor, der eine schwierige Route klettern möchte. Neben den aktuellen Umweltbedingungen wie Felsreibung und Temperatur wird das Klettern durch eine Reihe von kurzfristig nicht veränderbaren Leistungsvoraussetzungen beeinflusst. Seine Körpergröße, Armlänge und Gewicht bestimmen seine Konstitution, der Trainiertheitsgrad seines Energiestoffwechsels seine Kondition und die erlernten Klettertechniken die Koordination und die Technik.

Dennoch schwankt seine Leistung an einem Klettertag oder in einer Kletterwoche zum Teil erheblich. Ursache ist der unterschiedliche Leistungsvollzug. Wahrnehmung und Konzentration variieren und der Kletterer ist abgelenkt und unkonzentriert. Dies führt zu technischen Fehlern (sensomotorische Steuerung), wodurch er für seine Kletterbewegungen mehr Energie benötigt. Trotz womöglich sehr guter Leistungsvoraussetzungen ist die Leistung nicht immer optimal. Andersherum kann aber auch bei optimalem Leistungsvollzug und suboptimalen Leistungsvoraussetzungen eine gute Leistung gebracht werden.

Dies zeigt, wie komplex eine Höchstleistung im Sport ist. Zugleich deutet es aber auch an, dass das Training der Leistungsvoraussetzungen – insbesondere der Kondition – nur ein Schritt auf dem Weg zum Erfolg sein kann.

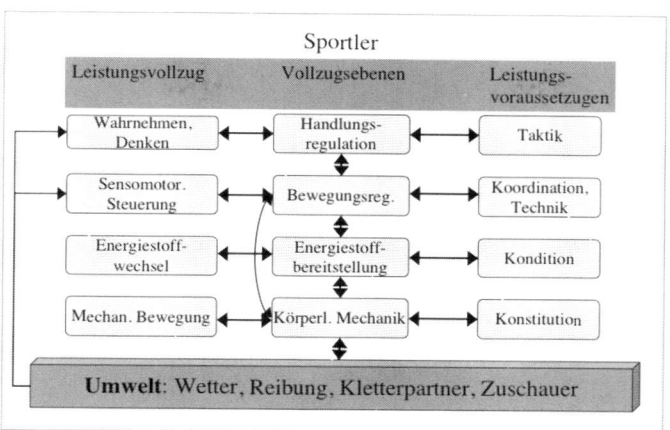

Modell zur Struktur sportlicher Leistungen [1]

Leistungsvollzug und Leistungsvoraussetzungen müssen stimmen, um den Durchstieg einer Tour an der Leistungsgrenze zu ermöglichen.

Es ist daher wichtig, dass Konditionstraining nicht als einzige Größe im Klettertraining anzusehen, sondern sein eigenes Training nach seinen Schwächen und Stärken zu gestalten. Wer einen einarmigen Klimmzug schafft, kann deshalb noch lange nicht 10er klettern, die Kraft muss auch an den Fels gebracht werden.

Dieses Buch gibt eine Trainingsanleitung zur Veränderung einer der bedeutendsten Faktoren im Sportklettern, der Kondition. Diese Trainingsanleitung kann aufgrund der Vielseitigkeit des Kletterns allerdings kein allgemeines „Geheimrezept" sein.

Die hier vorgestellten Übungsvorschläge sind, sofern dies sinnvoll ist, nach ihrer Schwierigkeit und Eignung in drei Gruppen: Trainingsanfänger und Wiedereinsteiger, regelmäßig Trainierende und Trainingsprofis unterteilt. Zudem gibt es Übungen, die für alle Leistungsstufen geeignet sind.

9

Trainingsanfänger und Wiedereinsteiger

Kletterer, die erst seit kurzer Zeit klettern und mit dem Training beginnen möchten oder für einige Jahre mit dem Klettern ausgesetzt haben und wieder einsteigen wollen.

Regelmäßig Trainierende

Kletterer, die schon seit mindestens ein oder zwei Jahren regelmäßig zweimal oder öfter in der Woche trainieren.

Trainingsprofis

Kletterer, die schon seit Jahren leistungsorientiert klettern und mehrmals in der Woche trainieren.

Alle Leistungsstufen Übungen für alle Kletterer.

Das Problem im Training ist die „richtige Mischung" der verschiedenen Trainingsinhalte. Wie viel Kraft, Ausdauer oder Grundlagenausdauer soll ich in der Woche oder im Monat trainieren? Um dieses Problem zu lösen, werden für alle Trainingsübungen Punkte vergeben, die in einen Trainingsplan eingetragen werden können. Somit erhält man Informationen über die Anteile bestimmter Trainingsinhalte macht. Genau wird dies im Kapitel Trainingsplanung erklärt. Das Punktesystem dient als Richtschnur für die individuelle Trainingsplanung.

Und noch ein Aspekt ist wichtig. Entweder man geht klettern, um eine schwierige Route zu klettern, oder man geht trainieren. Für eine Sache muss man sich entscheiden. Beides gleichzeitig zu wollen, wird nicht den gewünschten Erfolg bringen.

Ein herzliches Dankeschön an all die Leser, die mir durch ihre Fragen, Vorschläge und Anregungen bei der Erweiterung und Verbesserung geholfen haben. Auch weiterhin sind Anregungen und Kritik willkommen. Die „Updates" werden bei *www.klettertraining.de* veröffentlicht. Ausführliche Informationen zum Training der Klettertechnik findet man in meinem gleichnamigen Buch.

Allen Lesern viel Erfolg beim Trainieren und Klettern!

Guido Köstermeyer   Erlangen 2005

2 Kondition im Sportklettern

Bevor mit dem Training begonnen werden kann, ist zu klären, welche konditionellen Eigenschaften im Sportklettern von Bedeutung sind. Untersuchungen haben gezeigt, dass zu den leistungsrelevanten konditionellen Fähigkeiten im Sportklettern die Kraft, die Ausdauer und die Beweglichkeit gehören. Für das Training ist es wichtig zu wissen, welche Muskelgruppen stark, ausdauernd oder beweglich sein müssen. Dies wurde in zahlreichen wissenschaftlichen Untersuchungen ermittelt. Nachfolgend werden die Ergebnisse zusammenfassend dargestellt.

Kraft

Die Maximalkraft und Kraftausdauer der Fingerbeuger, der Armbeuger und Armstrecker sind die Muskelgruppen, für die Leistungsrelevanz nachgewiesen werden konnte. Darüber hinaus zeigte sich noch die Schnellkraft der Armbeuger und Armstrecker als bedeutsam. Für das Training ist dabei zu beachten, dass diese Muskeln nicht isoliert arbeiten, sondern in Muskelketten. Beim Klimmzug ist die gesamte Muskelkette vom Unterarm über den Oberarm bis zum Schultergürtel und Schultergelenk beteiligt [2]. Die Maximalkraft der Rumpfmuskulatur zeigte nur geringen Einfluss auf die Kletterleistung.

Ausdauer

Die allgemeine Ausdauerleistungsfähigkeit des Herzkreislaufsystems (HKS) hat nur geringen Einfluss auf die Kletterleistung, sie beschleunigt allerdings die Regeneration. Die spezielle Ausdauer im Klettern entspricht eher der Kraftausdauer, sie ist, wie bereits erwähnt, von großer Bedeutung.

Beweglichkeit

Die Beweglichkeit der Hüftgelenks- und unteren Rückenmuskulatur zeigte sich als leistungsrelevant für das Sportklettern. Eine gute Beweglichkeit dieser Muskeln erweitert
die Trittauswahl beim Klettern, so dass Kletterstellen leichter bewältigt werden können.

Leistungsrelevante konditionelle Fähigkeiten im Sportklettern

	Maxi-malkraft	Kraft-ausdauer	Schnell-kraft	Aus-dauer	Beweg-lichkeit
Finger	✓	✓			
Arme	✓	✓	✓		
Rumpf	✓				✓
Hüfte					✓
Herzkreis-laufsystem				✓	

Merke: *Das Konditionstraining des Kletterers sollte alle
leistungsrelevanten Faktoren beinhalten. Wichtig ist die
Entscheidung, ob man heute trainieren oder „nur" klettern
möchte. Wenn du dich für eines von beiden entschieden
hast, dann führe dies konsequent aus.*

3 Allgemeine Trainingsgrundlagen

Das Konditionstraining unterliegt bestimmten biologischen Gesetzmäßigkeiten, aus denen sich Trainingsprinzipien ableiten lassen. Trainingserfolge basieren auf der Kenntnis und Anwendung dieser Prinzipien. Im Folgenden sollen die wichtigsten Begriffe und Prinzipien des Trainings erklärt werden.

Begriff des Trainings

Training ist ein planmäßiger Prozess, der eine Zustandsänderung (Optimierung, Stabilisierung oder Reduzierung) der sportlichen Leistungsfähigkeit (konditionell, technisch, taktisch oder psychisch) mit sich bringt [3].

Hieraus ergibt sich, dass das Trainingsziel zumeist in einer Steigerung der Leistungsfähigkeit liegt, wobei das Ziel sehr allgemeiner Art sein kann (Entwicklung des Kletterniveaus im Breiten- oder Leistungssport) oder auch sehr speziell (Verbesserung der einfingrigen Maximalkraft der Fingerbeuger). Das Training besteht aus einer Vielzahl von Trainingsübungen bzw. Trainingsinhalten. Dies sind Tätigkeiten, die im Training durchgeführt werden, um die Trainingsziele zu erreichen. Die Übungen werden nach bestimmten planmäßigen Verfahren – den Trainingsmethoden – durchgeführt, die Trainingsinhalte, Trainingsmittel (Geräte, Organisation und Information) und die Belastungsweise festlegen. Die Trainingsbelastung stellt die Summe der auf den Organismus wirkenden Belastungsreize dar. Wobei die äußere Belastung über Wiederholungen, Widerstände oder Zeiten mengenmäßig erfassbar ist. Die innere Belastung (Beanspruchung) beschreibt die Reaktion der Organsysteme auf die äußere Belastung [3]. Entscheidend für eine Leistungsoptimierung ist die Trainingsanpassung oder Adaptation. Die Adaptation vollzieht sich stufenweise, beginnend mit einer Stabilisierung der momentanen Funktionen, darauf folgend wird dieser Zustand optimiert. Erst nach einem ausreichend langen Zeitraum von 4 bis 6 Wochen kommt es zu strukturellen Veränderungen des Systems. Langfristig wird das Leistungspotenzial und die willentliche Aktivierbarkeit vergrößert. Diese beträgt bei Leistungssportlern 90 bis 95% des maximalen Leistungspotenzials, bei Untrainierten hingegen lediglich 70%. Daher sind bei Untrainierten sehr schnell Trainingserfolge erzielbar.

Allgemeine Trainingsgrundlagen

Belastungsnormative

Um die Adaptationsprozesse auszulösen, sind bestimmte Belastungsnormative (maßgebliche Größen für die Dosierung der Trainingsbelastung) notwendig. Hierzu zählen fünf Größen:

- **Intensität:** Stärke des einzelnen Belastungsreizes (z.B.: Prozentwert der Maximalkraft).
- **Dauer:** Zeitdauer eines einzelnen Trainingsreizes (Wiederholungszahl).
- **Dichte:** Zeit zwischen Belastung und Erholung (z.B.: Pausenzeiten).
- **Umfang:** Anzahl der Trainingsreize in einer oder mehreren Trainingseinheiten (z.B.: Gesamtbelastungszeit).
- **Häufigkeit:** Anzahl der Trainingseinheiten pro Woche.

Trainingsprinzipien

Die Trainingsprinzipien stellen übergeordnete Handlungsanweisungen für den Trainingsprozess dar. Sie sind Orientierungsgrundlagen mit einem hohen Grad an Allgemeingültigkeit, aber keine Gesetzmäßigkeiten im naturwissenschaftlichen Sinn. Mit diesen Grundsätzen lässt sich jedes

16

Training gestalten. Je nach Autor werden bis zu 25 verschiedene Prinzipien formuliert. Im Folgenden wird diese Auswahl auf die biologischen Prinzipien eingeschränkt, die für das Training der konditionellen Fähigkeiten von besonderer Bedeutung sind. Diese „biologischen Gesetzmäßigkeiten" lassen sich nach Zintl [3] in drei Gruppen einteilen.

Bedeutung	Trainingsprinzip	biologischer Einflussfaktor
Auslösung der Anpassung	des wirksamen Belastungsreizes	Reizstufenregel
	der progressiven Belastungssteigerung	parabolischer Kurvenverlauf der Anpassung
	der Variation der Trainingsbelastung	
Sicherung der Anpassung	der optimalen Gestaltung von Belastung und Erholung	Superkompensation
	der Wiederholung und Kontinuität	Deadaptation
	der Periodisierung und Zyklisierung	Phasencharakter der Anpassung
Steuerung der Anpassung	der Individualität und Altersgemäßheit	individuelle Anpassungsfähigkeit
	der regulierenden Wechselwirkung einzelner Trainingselemente	Wechselwirkung von spezifischer und unspezifischer Anpassung

Trainingsprinzipien und biologische Einflussgrößen [3]

Prinzip des wirksamen Belastungsreizes

Dieses Prinzip beinhaltet die Forderung einer Mindestintensität des Trainingsreizes, um eine Anpassung auszulösen. Basis ist die Reizstufenregel, die besagt, dass unterschwellige Reize keine, überschwellig schwache Reize eine Erhaltung und überschwellig starke Reize eine funktionelle oder strukturelle Anpassung auslösen. Wobei zu starke Reize eine Schädigung der Funktion bewirken können [3].

Merke: Für Untrainierte gilt, dass ein Reiz von 30% der isometrischen Maximalkraft schon Anpassungen auslösen kann, während Trainierte Reize von 70% und mehr benötigen [4].
Das heißt, wer in der Lage ist, 10 Klimmzüge zu machen, für den sind 2 bis 3 Klimmzüge ohne Zusatzbelastung kein ausreichender Trainingsreiz. Es kommt zu keiner Verbesserung der Kraft. 4-5 Klimmzüge sind ein überschwellig schwacher Reiz, der die Kraft erhält und 6-8 Klimmzüge mit 3 kg Zusatzlast sind ein überschwellig starker Reiz, der eine Verbesserung bewirken kann.

Im Ausdauerbereich sind Reize von mindestens 50% der maximalen Ausdauerleistungsfähigkeit (bezogen auf die maximale Herzfrequenz) zur Leistungsverbesserung notwendig.

Prinzip der progressiven Belastungssteigerung

Bleiben Trainingsbelastungen über einen längeren Zeitraum konstant, dann ist der Organismus so adaptiert, dass diese Belastungen nicht mehr über, sondern nur unterschwellig wirken. Um diesem Mechanismus entgegenwirken zu können, muss daher in gewissen Zeitabständen die Belastung gesteigert werden. Das heißt, derjenige, der über einen langen Zeitraum stets das gleiche Training absolviert, wird keine Steigerung erreichen. Je nach Alter, Trainingszustand und Trainingsziel kann die Steigerung sprunghaft oder allmählich geschehen. Sprunghafte Steigerungen sind immer mit der Gefahr einer Schädigung verbunden. Im langfristigen Trainingsprozess sollte die Belastungssteigerung in folgender Reihenfolge erfolgen:

1. Trainingshäufigkeit
2. Trainingsumfang
3. Verkürzung der Pausen
4. Trainingsintensität

Prinzip der Variation der Trainingsbelastung

Wird durch eine kontinuierliche Belastungssteigerung keine Leistungsverbesserung erzielt, so kann über die Variation der Trainingsbelastung noch eine weitere Steigerung erreicht werden. Die Variation erfolgt über die Veränderung der Bewegungsgeschwindigkeit, Übungsauswahl, Pausengestaltung und der Methoden.

Optimale Gestaltung von Belastung und Erholung

Dieses Prinzip beruht auf der Tatsache, dass während eines Trainings (Belastungsreizes) die Leistung kontinuierlich unter das Ausgangsniveau sinkt. Erst in der folgenden Erholungsphase wird das Ausgangsniveau wiederhergestellt, und bei ausreichendem Belastungsreiz wird das Niveau sogar überschritten. Dieser phasenhafte Verlauf wird als Superkompensation bezeichnet. Das Modell der Superkompensation bezieht sich dabei allein auf den Energie- und Proteinstoffwechsel [4]. Größe und Dauer der Superkompensation sind von den Belastungsreizen und dem Leistungsniveau abhängig. Mit zunehmendem Leistungsniveau nehmen die Superkompensationseffekte mehr und mehr ab. Eine Leistungssteigerung wird nur noch erreicht, wenn mehrere Trainingsreize in kurzer Folge auf den Organismus einwirken.

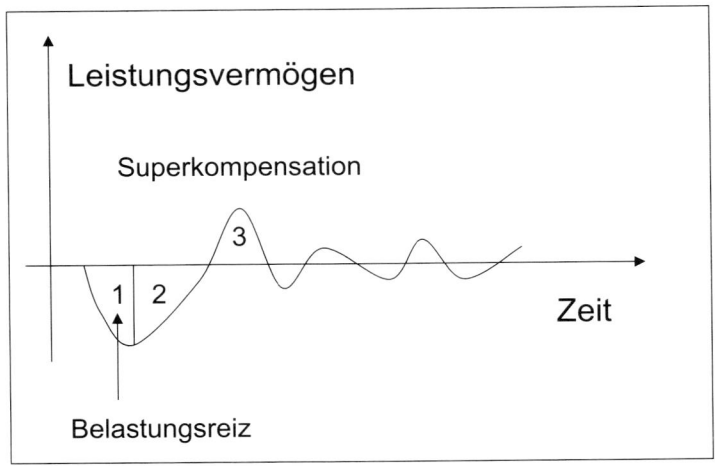

Modell der Superkompensation. Anpassung an Belastungsreize im Untrainierten- und Fortgeschrittenenbereich. 1 Abnahme der Leistung; 2 Wiederherstellung der Leistung; 3 Superkompensation

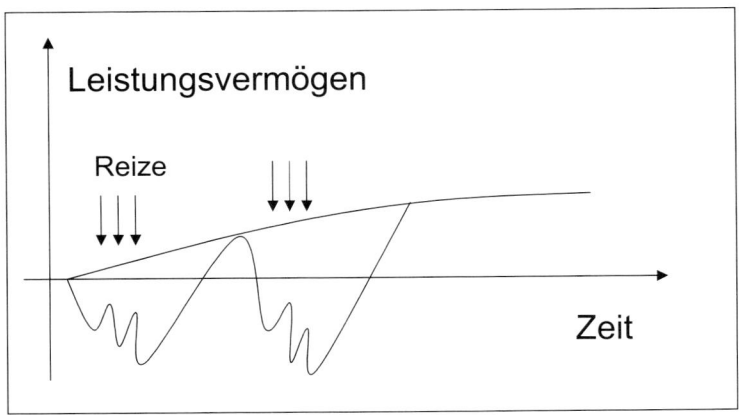

Abnahme der Superkompensationseffekte mit zunehmendem Leistungsniveau

Die Wiederherstellung der verschiedenen Energiespeicher hat einen unterschiedlichen Verlauf. Daher ist es in der Trainingspraxis schwierig, die optimale Relation von Belastung und Erholung zu finden.

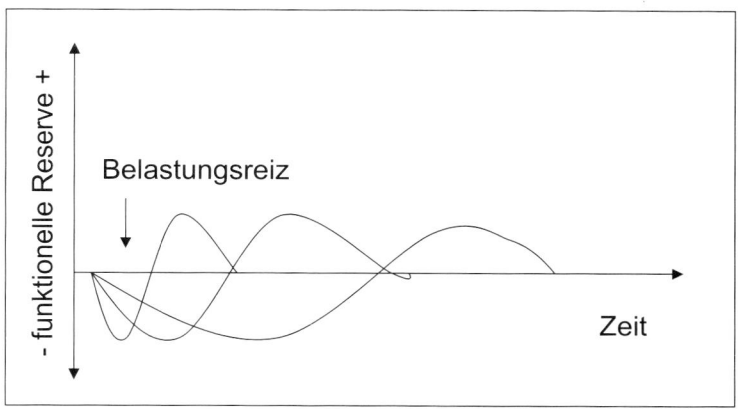

Unterschiedlicher Verlauf der Regeneration. 1 schnelle Regeneration (ATP / KP; Sekunden - Minuten); 2 mittlere Regeneration (Glykogen; Stunden); 3 langsame Regeneration (Enzyme/Proteine; Tage)

Optimale Zeitintervalle von Belastung und Erholung - hiermit sind die Zeitabstände zwischen Kletter- und Ruhetagen gemeint - führen schrittweise zu einer Verbesserung der Leistungsfähigkeit, während zu kurze oder zu lange Zeitintervalle zu einer Verschlechterung der Leistungsfähigkeit führen.

Merke: Das Prinzip der Superkompensation gilt nur für den Energie- und Proteinstoffwechsel, im Krafttraining mittels inter- / intramuskuläre Koordination. Im Techniktraining basieren die Anpassungen nicht auf energetischen Prozessen, sondern auf informellen. Hier wird die Muskelinnervation verbessert: entweder die eines einzelnen Muskels oder das Zusammenspiel mehrerer Muskeln. Dies ist ein Lernprozess. „Lernen" im ermüdeten Zustand führt meist zu einer Verschlechterung der Leistung. Daher sollte hier auf ausreichende Pausen und Erholungszeiten geachtet werden.

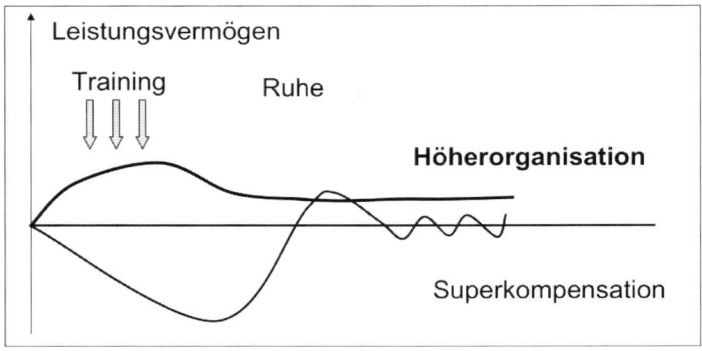

Superkompensation und Höherorganisation als Anpassungsmechanismen

Prinzip der Wiederholung und Kontinuität

Nur eine kontinuierliche Wiederholung der Belastungsreize - also regelmäßiges Training - führt zu einer fortlaufenden Steigerung der sportlichen Leistungsfähigkeit. Unterbrechungen durch Verletzungen oder unregelmäßiges Training bewirken einen Abfall der Leistungsfähigkeit. Für eine stabile Anpassung sind mindestens 4 bis 6 Wochen regelmäßiges Training notwendig. Eine Adaptation auf hohem Niveau bedarf eines längeren Zeitraums.

Merke: *Trainiere besser regelmäßig zweimal die Woche, als alle paar Wochen fünfmal.*

Prinzip der Periodisierung und Zyklisierung

Die Höchstleistung kann ein Sportler nicht über das gesamte Jahr erbringen. Daher ist es notwendig, den Trainingsprozess langfristig zu steuern. Hierdurch wird ein Übertraining, das mit einer starken Leistungsabnahme verbunden ist, vermieden. Die Unterteilung der langfristigen Zyklen erfolgt in eine Vorbereitungs-, Wettkampfs- und Übergangsperiode. Das Wintertraining dient beim Klettern im Normalfall der Vorbereitung auf die Wettkampf- oder Leistungsperiode in Frühjahr und Sommer.

Prinzip der Individualität und Altersgemäßheit

Für die optimale Entwicklung der sportlichen Leistungsfähigkeit ist unbedingt die persönliche Situation (konditionelle, koordinative und psychische Fähigkeiten, Talent, usw.) des Sportlers zu berücksichtigen. Verschiedene Athleten benötigen auch unterschiedliche Trainingsprogramme. Ebenso ist die Altersstufe - insbesondere bei Kindern, Jugendlichen und Senioren - mit in die Gestaltung des Trainings einzubeziehen.

Regulierende Wechselwirkung der Trainingselemente

Jede Sportart hat ein spezifisches Anforderungsprofil. Im Training kommt es darauf an, die verschiedenen Bereiche, wie Kondition und Technik, in Bezug auf Trainingsumfang und -intensität so zu kombinieren, dass am Ende eine optimale Leistungsverbesserung erreicht wird. Für den Kletterer steht also das Kraft- und Techniktraining sowie das Kraftausdauertraining an erster Stelle. Maßnahmen zur Verbesserung der Grundlagenausdauer sind von untergeordneter Bedeutung. Eine Überbetonung des Grundlagenausdauertrainings kann zu einer Vernachlässigung der anderen Faktoren führen. Dies hat negative Folgen für die Kletterleistung.

4 Krafttraining

Die Kraft der Finger-, Arm-, Schulter- und Rumpfmuskulatur ist im Klettern die bedeutendste konditionelle Leistungsvoraussetzung. Erst ausreichende Kraftfähigkeiten dieser Muskelgruppen ermöglichen klettersportliche Höchstleistungen. Aus diesem Grund macht das Training der Kraft den größten Anteil des kletterspezifischen Konditionstrainings aus. Sportwissenschaftlich wird Kraft folgendermaßen definiert:

„Kraft ist die Fähigkeit des Nerv- Muskel- Systems, durch Innervations- und Stoffwechselprozesse mit Muskelkontraktionen (mit mehr als 30% des individuellen Kraftmaximums) Widerstände zu überwinden, ihnen nachzugeben oder sie zu halten." [1]

Diese Definition unterstreicht, dass Kraftleistungen auf zwei unterschiedlichen Prozessen beruhen.

Zum einen ist dies die Ansteuerung der Muskulatur durch das Nervensystem. Hier spricht man von **intramuskulärer**[1] und **intermuskulärer Koordination**[2].

Zum anderen spielt die **Energiebereitstellung** eine entscheidende Rolle.

Für beide Prozesse gibt es unterschiedliche Trainingsmethoden. Darüber hinaus beeinflusst noch die **Muskelmasse** und der **Muskelfasertyp**[3] die Kraft.

---

[1] Die Kraft hängt wesentlich davon ab, wie viele Muskelanteile gleichzeitig zur Kraftentwicklung herangezogen werden.

[2] Bei Bewegungen kommt es darauf an, das Zusammenspiel aller an der Bewegung beteiligten Muskeln optimal zu gestalten.

[3] Es gibt weiße Muskelfasern, die sehr schnell ermüden, aber sehr kraftvoll sind und rote Muskelfasern, die ausdauernder sind, aber dafür schwächer. Die Verteilung dieser beiden Fasertypen ist im Wesentlichen von Geburt an bei jedem Menschen festgelegt und mitentscheidend, ob man ein guter Boulderer wird oder besser lange Routen klettern kann.

Erscheinungsformen der Kraft

Wenn wir umgangssprachlich von Kraft sprechen, meinen wir zumeist die Maximalkraft. Neben dieser gibt es aber noch eine Reihe von anderen Erscheinungsformen, die sich nach Intensität und Belastungsdauer unterscheiden. Für das Klettern bedeutsam sind:

- die **Maximalkraft** (hohe Intensität – kurze Dauer; Boulder, Route mit schwerer Einzelstelle),
- die **Schnellkraft** (mittlere Intensität – kurze Dauer; dynamisches Klettern),
- die **Kraftausdauer** (niedrige bis mittlere Intensität – mittlere Dauer; Boulderquergang, Route).

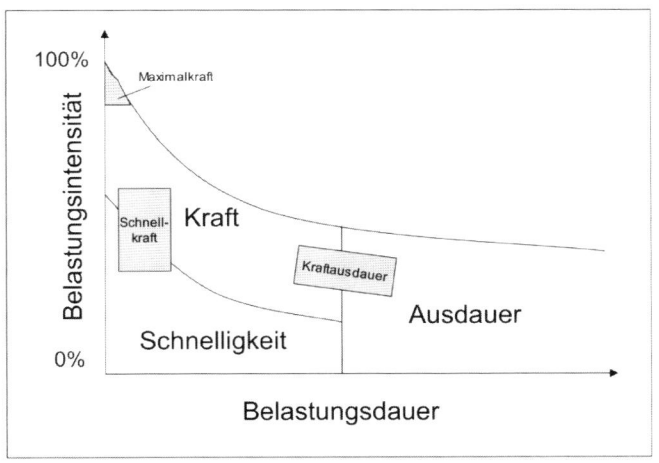

Übersicht der kletterspezifischen Erscheinungsformen der Kraft

Trainingsmethoden im Krafttraining

Die nachfolgenden Trainingsmethoden dienen vorwiegend dem Training der Maximalkraft und der Schnellkraft. Wobei insbesondere bei den Maximalkraftmethoden mit hoher Wiederholungszahl der Übergang zum Kraftausdauertraining fließend ist.

Je nach Trainingsmethode kann entweder die Muskelmasse erweitert (Hypertrophietraining), die Kraftentwicklung der Muskulatur verbessert (intra- und intermuskuläres Koordinationstraining/Ik- Training) bzw. die Geschwindigkeit der Kraftentwicklung (Schnellkrafttraining) erhöht werden. Hypertrophie und intra- bzw. intermuskuläres Koordinationstraining sollten jeweils mindestens 8 bis 10 Trainingseinheiten in Folge durchgeführt werden, um strukturelle Anpassungen auszulösen.

Exkurs: Welche Methode ist für mich die richtige?

Im Krafttraining existiert eine Vielzahl von Trainingsmethoden. In den bisherigen Ausgaben von Peak Performance habe ich mich bewusst auf einige wesentliche Methoden beschränkt. Eine Reihe von Nachfragen zu den Trainingsmethoden zeigt aber die Notwendigkeit einer ausführlicheren Klärung.

Die Präzision, mit der Trainingsmethoden beschrieben werden, überschreitet bei weitem die Präzision der vorliegenden wissenschaftlichen Erkenntnisse. Untersuchungen haben gezeigt, dass sowohl ein Training mit nur einer Serie von 10 Wiederholungen Kraftverbesserungen bewirkt, wie auch 3 Serien mit 10 Wiederholungen. Gleiches gilt für ein Training nach der Methode X oder Y. Eine klare Überlegenheit für eine Methode gibt es nicht [5].

Worauf kommt es an?

Beim Training – dies gilt genauso für das Kraftausdauertraining – kommt es darauf an, einen Energie- oder Eiweißmangel im Muskel zu provozieren. Beide Mangelzustände lösen Anpassungserscheinungen aus. Wie viele Belastungen hierzu notwendig sind, wie lange die Pausen im Einzelnen zu gestalten sind, hängt von der momentanen Leistungsfähigkeit des Sportlers ab. Es kann also sein, dass ich heute 15 Klimmzüge machen muss, damit das Training „wirkt", morgen genügen vielleicht bereits 10 Klimmzüge.

Du musst die Trainingsmethode wählen, die dich heute bei deinem Training ausreichend ermüdet. Diese Sichtweise soll nicht gegen einen systematischen Trainingsaufbau sprechen, der notwendig ist, um langfristig Anpassungen zu erreichen. Sie soll aber die unnötige Angst vor der Komplexität des Trainings nehmen.

Damit das Training variiert werden kann, werden nachstehend die wichtigsten Trainingsmethoden und ihre Hauptwirkung vorgestellt. Unabhängig hiervon findet man bei jeder Übungsbeschreibung einen Methodenvorschlag.

Klettern und Bouldern stellen hohe Anforderungen an viele Faktoren unserer Leistungsfähigkeit. Foto: Nicolas Delaleu

Trainingsmethoden für das Krafttraining. Die Intensitätsangaben beziehen sich hierbei auf die maximal mögliche Anzahl von Wiederholungen. Beispiel: Wer maximal 10 Klimmzüge schafft, sollte nach der Standardmethode 7-8 Klimmzüge je Serie absolvieren.

Methode	Intensität	Tempo	Anzahl	Serien	Pause
Standardmethode (Hypertrophie)	70-80%	Zügig	8-12	3	>3min
Extensive Bodybuildingmethode (Hypertrophie, Kraftausdauer)	60-70%	Langsam	15-20	3-5	>2min
Pyramidenmethode (Schnellkraft, Mischform)	60-70-80-90-95%	Zügig	20-5	Jeweils 1 je Stufe	>3min
Maximalkraftmethode (Ik- Training)	100%	Maximal	1-2	5	>3min
Desmodromische Methode (Ik- Training)	120-150% nachgebend	Maximal	2-5	2-5	>3min

Trainingsinhalte im Krafttraining

Die hier aufgeführte Auswahl an kletterspezifischen Übungen im Krafttraining ist in drei Leistungsgruppen sowie Übungen, die für alle geeignet sind, unterteilt. Jeder kann so spezielle Übungen für sich leicht finden. Je nach individuellem Leistungsvermögen, das durch Leistungstests festgestellt werden kann (vgl. Kapitel Leistungstests), sollten verstärkt die Muskelgruppen trainiert werden, in denen man Schwächen aufweist. Ob ein Hypertrophietraining oder intra-/intermuskuläres Koordinationstraining durchgeführt wird, hängt ebenfalls vom individuellen Leistungsvermögen und dem Trainingsziel ab. In der Regel beginnt man zunächst mit Hypertrophietraining und wechselt nach einiger Zeit (ca. 6 Wochen) zum Ik- Training. Dies hat den Sinn, am Anfang durch weniger intensives Training den Muskel, Bänder und Sehnen an die neue Belastung anzupassen und so beim intensiveren inter- und intramuskulären Koordinationstraining Verletzungen zu vermeiden (ausführlich im Kapitel Trainingsplanung).

Ergänzend kann ein allgemeines Krafttraining mit Hantel- und Geräteübungen durchgeführt werden. Allerdings zeigt die Trainingserfahrung, dass nur spezielles Training auch zu speziellen Anpassungen führt. Insofern sollten an ein Gerätetraining im Kraftraum nicht zu große Erwartungen geknüpft werden.

Exkurs: Anatomie der Hand und Finger

Die Hand- und Fingermuskulatur sind für den Kletterer extrem wichtig. An dieser Stelle soll kurz erläutert werden, welche Muskeln beim Halten verschiedener Griffe benötigt werden. Ein differenziertes Training dieser Muskeln ist für eine Verbesserung der Kletterleistung äußerst wichtig.

Merke: *Das Aufstellen der Finger birgt ein höheres Verletzungsrisiko, da hierbei die Ringbänder (Bänder am Finger, die wie ein Ring angeordnet sind und die Beugesehne der Finger führen) stark belastet werden. Ein Anfänger sollte diese Fingerstellung daher nicht trainieren. In den oberen Leistungsbereichen sollte ist ein Training erforderlich, da diese Griffform häufig vorkommt.*

Hängende Finger

Bei der hängenden Fingerstellung werden die Finger in allen Gelenken sowie das Handgelenk gebeugt. Dies geschieht durch die beiden Fingerbeuger und die Handgelenksbeuger.

Aufgestellte Finger

Beim Aufstellen der Finger werden die Finger vom tiefen und oberflächlichen Fingerbeuger gebeugt. Zusätzlich wird das Handgelenk leicht gestreckt, wodurch die Fingerbeuger vorgedehnt werden und so größere Kräfte entwickeln können. Bei allen Fingerpositionen kommt der Daumenmuskulatur durch die Opposition des Daumens eine große Bedeutung zu, da erst hierdurch die Hand zur Greifzange wird. Bei der Beugung der Hand zur Daumenseite (z.B.: Wischbewegung nach innen, Schulterzug) wird der lange Handgelenksstrecker mit einbezogen, bei der Beugung zur Kleinfingerseite (z.B.: Wischbewegung nach außen, Untergriff und Eindrehen des Körpers) der ellenseitige Handgelenksbeuger.

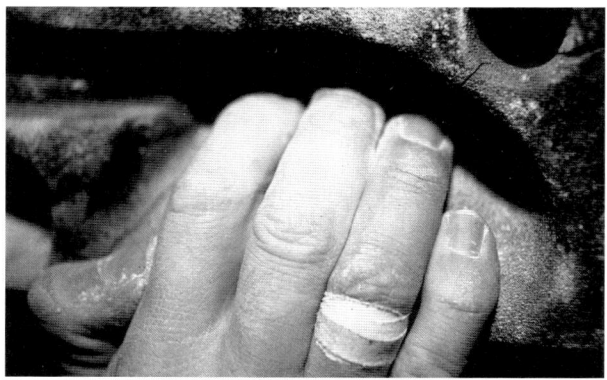

Hängende Fingerstellung Beteiligte Muskeln: - Tiefer Fingerbeuger (Beuger aller Fingergelenke, Adduktion - Zusammenschluss - der Finger) - Oberflächlicher Fingerbeuger (Beuger des Grund- und Mittelgelenks) - Handgelenksbeuger (Beugung des Handgelenks, Beugung der Hand zur Daumen- oder Kleinfingerseite)

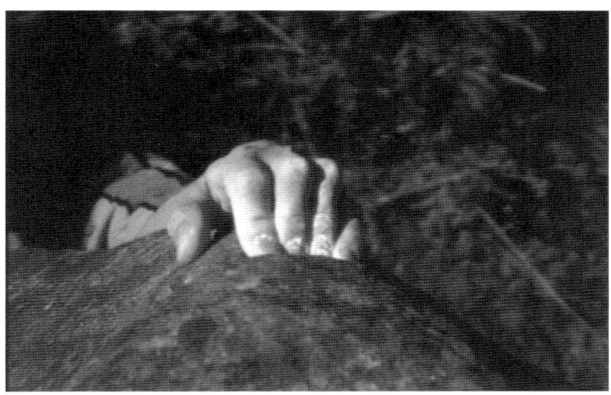

Aufgestellte Fingerstellung. Beteiligte Muskeln: - Tiefer Fingerbeuger (Beuger aller Fingergelenke, Adduktion - Zusammenschluss - der Finger) - Oberflächlicher Fingerbeuger (Beuger des
Grund- und Mittelgelenks) - Handgelenksstrecker (Steckung des
Handgelenks)

Handklemmer

Der Handklemmer nimmt eine Sonderstellung ein, da beim
Verklemmen der Hand die Finger in den Grundgelenken
gebeugt werden, die Mittel- und Endgelenke aber gestreckt
bleiben. Diese Fingerstellung ermöglichen die Regen-
wurmmuskeln, die als kurze Fingermuskeln in der Hand
selbst liegen.

*Merke: Sowohl bei der hängenden als auch bei der aufge-
stellten Fingerstellung werden tiefer und oberflächlicher
Fingerbeuger trainiert. Der Unterschied besteht in der Beugung bzw. Streckung des Handgelenks und in der Winkel-
stellung der Fingergelenke. Der Daumenmuskulatur kommt
bei allen Griffformen große Bedeutung zu. Beim Verklemmen der Hand werden die kurzen Fingerbeuger bean-
sprucht, die ansonsten kaum zum Einsatz kommen. Im
Training sollten alle Muskeln trainiert werden, daher müssen Griffform und Belastungsrichtung variiert werden.*

Durchführungshinweise

Im Krafttraining kommt es ganz besonders darauf an, die richtige **Intensität** zu treffen, um optimale Anpassungen zu erreichen. Eine Möglichkeit besteht darin, die maximal mögliche Anzahl von Wiederholungen zu ermitteln und dann mit dem bei den Methodenbeschreibungen genannten Prozentwert zu multiplizieren. Die andere Möglichkeit besteht darin, sich am Anstrengungsempfinden des Trainierenden zu orientieren. Dies geht folgendermaßen:

1. Absolviere eine Serie mit der angegebenen Anzahl an Wiederholungen.
2. Bewerte **dein** Anstrengungsempfinden von leicht bis sehr schwer (siehe Übersicht unten)
3. Passe die Intensität bzw. Anzahl der Wiederholungen an. Du wirst also am Anfang erst ein wenig probieren müssen, bis die Übungen optimal auf dich zugeschnitten sind.

Empfundene Anstrengung	Belastungsempfinden
Leicht	Steigere Intensität und Wiederholungen
Etwas anstrengend	Optimal für Trainingseinsteiger
Anstrengend bis schwer	Optimal für Fortgeschrittene und Profis
Sehr schwer	Reduziere die Intensität

Das Finden der optimalen Pausenlänge ist oft schwierig. Idealerweise ist die **Pausenlänge** so zu wählen, dass du die angegebene Anzahl an Wiederholungen bei der nächsten Serie gerade noch schaffst. Orientiere dich an den generellen Angaben und variiere nach deinem Gefühl nach oben und unten.

- *Vermeide Pressatmung!*
- *Generell solltest du versuchen, bei Entlastung einzuatmen und bei Belastung auszuatmen.*
- *Führe die Übungen ruhig aus!*
- *Achte mehr auf die richtige Technik als auf die Anzahl der Wiederholungen!*
- *Wärme dich vor dem Training auf!*

Erläuterungen zu den nachfolgenden Punkteangaben findet man im Kapitel Trainingsplanung – das aufwändige Modell.

Trainingsanfänger / Wiedereinsteiger

Zirkeltraining		
Trainings-wirkung	Muskelgruppe	Punkte
Hypertro-phie	Gesamter Organismus	25 je Zirkel
Beschrei-bung	1. Sit- ups 2. Liegestütz 3. Klimmzüge (evtl. mit Entlastung) 4. Seilspringen 5. Hängen an einer Leiste für das zweite Fingerglied 6. Kniebeugen mit Zusatzlast 7. Quergang an der Kletterwand 8. Sit- ups diagonal 9. Durch den Barren stützen. Bei allen Übungen entsprechend dem Leistungsniveau die Intensität variieren	
Methode:	30 s Belastungszeit mit so vielen Wiederholungen wie möglich, 10-30 s Pause, je nach Leistungsfähigkeit, insgesamt 9 Belastungen	

Klimmzug an Henkeln		
Trainings-wirkung	Muskelgruppe	Punkte
Hypertro-phie	Armbeuger	1 Serie = 2,5 Punk-te
Beschrei-bung	Beidarmiger Klimmzug an Henkeln (zwischen Kammgriff und Ristgriff variieren) bzw. an frei drehbaren Griffen. Zur Entlastung werden die Füße auf einen Stuhl gestellt. Intensität durch Abstand des Stuhls variieren! Als Variante kann dies auch am Rollgriff (siehe Geräte) durchgeführt werden. Hierbei werden die Unterarme stärker trainiert.	
Methode:	8-12 WH, 4-5 Serien, 2-3 min Serienpause	

Klimmzug an Leisten		
Trainings-wirkung	Muskelgruppe	Punkte
Hypertro-phie	Finger	1 Serie = 2,5 Punk-te
Beschrei-bung	Beidarmiger Klimmzug an Leisten mit hängenden Fingern. Zur Entlastung können die Füße auf einen Stuhl gestellt werden. Die Intensität wird durch Beschränkung auf drei Finger erhöht.	
Methode:	8-12 WH, 4-5 Serien, 2-3 min Serienpause	

Beidarmiges Leistenhängen		
Trainingswirkung	Muskelgruppe	Punkte
Hypertrophie	Finger	1 Serie = 2,5 Punkte
Beschreibung	Beidarmiges gestrecktes Hängen an Leiste für das erste und zweite Fingerglied. Kann die Haltezeit von 8 bzw. 10 s nicht realisiert werden, können die Füße zur Erleichterung auf einen Stuhl gestellt werden. Nach jedem Hängen von 8 bzw. 10 s erfolgt eine Pause von 5 s. Keine Zusatzgewichte verwenden, da dies zu Sehnenansatzreizungen am Ellbogen führen kann.	
Methode:	8-12 WH à 10 s, 5 s Pause nach jeder Wiederholung, 4-5 Serien, 3 min Serienpause	

Liegestütz		
Trainingswirkung	Muskelgruppe	Punkte
Hypertrophie	Armstrecker	1 Serie = 2,5 Punkte
Beschreibung	Liegestütz am Boden. Die Intensität wird durch eine Erhöhung der Hände reduziert, durch Erhöhung der Füße gesteigert.	
Methode:	15-20 WH, 4-5 Serien, 2-3 min Serienpause	

Beidarmiger Klimmzug		
Trainingswirkung	Muskelgruppe	Punkte
Intram. Koordination	Armbeuger	1 WH = 1 Punkt
Beschreibung	Beidarmiger Klimmzug ohne Entlastung. Intensitätsvariation durch Verwendung von Zusatzgewichten. Wird der Klimmzug nicht geschafft, kann ein Partner unterstützen oder der Klimmzug negativ dynamisch, d.h. von oben nach unten durch Ablassen ausgeführt werden. Beim Ablassen nicht in die Schulter fallen (Verletzungsgefahr!). Zwischen Kamm- und Ristgriff variieren. Als Variante kann dies auch am Rollgriff (siehe Geräte) durchgeführt werden. Hierbei werden die Unterarme stärker trainiert.	
Methode:	1-2 WH, 5 Serien, 4 min Serienpause	

Regelmäßig Trainierende

Klimmzug an Leisten		
Trainingswirkung	Muskelgruppe	Punkte
Hypertrophie	Finger	1 Serie = 2,5 Punkte
Beschreibung	Beidarmiger Klimmzug an Leisten für das erste Fingerglied mit aufgestellten oder hängenden Fingern. Durch dreifingrige Ausführung oder Verwendung von Zusatzgewichten kann die Intensität gesteigert werden.	
Methode:	8-12 WH, 4-5 Serien, 2-3 min Serienpause	

Beidarmiges Leistenhängen		
Trainingswirkung	Muskelgruppe	Punkte
Hypertrophie	Finger	1 Serie = 2,5 Punkte
Beschreibung	Beidarmiges Hängen an Leisten für das erste und zweite Fingerglied in hängender Fingerstellung (Leiste für das erste Fingerglied mit aufgestellten Fingern). Intensitätssteigerung durch dreifingrige Ausführung oder Verwendung von Zusatzgewichten.	
Methode:	8-10 WH à 10 s, 5 s Pause nach jeder Wiederholung, 4-5 Serien, 3 min Serienpause	

ABC-Training		
Trainingswirkung	Muskelgruppe	Punkte
Hypertrophie	Armbeuger	1 Serie = 2,5 Punkte
Beschreibung	Zwei Klimmzüge machen, dann bei einem Ellbogengelenkswinkel von 20° 10 s blockieren (A), wieder 2 Klimmzüge, dann bei 90° 10 s blockieren (B) und das Gleiche nochmals bei 120° (C). Ein ABC entspricht einer Serie. Eventuell Zusatzgewichte verwenden, zusätzlich ein weiteres D, E oder F machen oder Anzahl der Klimmzüge variieren.	
Methode:	5 Serien, 2-3 min Serienpause oder 4 Serien, 2-3 min Serienpause	

Klimmzug an Henkeln		
Trainingswirkung	Muskelgruppe	Punkte
Hypertrophie	Armbeuger	1 Serie = 2,5 Punkte
Beschreibung	Beidarmiger Klimmzug an Henkeln (zwischen Kamm- und Ristgriff variieren) bzw. frei drehbaren Griffen. Die Intensität kann durch die Verwendung von Zusatzgewichten gesteigert werden.	
Methode:	8-12 WH, 4-5 Serien, 2-3 min Serienpause	

Dips		
Trainingswirkung	Muskelgruppe	Punkte
Hypertrophie	Armstrecker	1 Serie = 2,5 Punkte
Beschreibung	Dips (Beugestütz) an zwei Barrenholmen bzw. Stuhllehnen machen. Intensitätsvariation durch Verwendung von Zusatzgewichten. Bei der Ausführung darauf achten, mit den Schultern bis zu den Händen hinab zu gehen.	
Methode:	8-12 WH, 4-5 Serien, 2-3 min Serienpause	

Zweifingriges Ziehen auf der Waage		
Trainingswirkung	Muskelgruppe	Punkte
Intram. Koordination		1 WH = 1 Punkt
Beschreibung	Maximales einarmiges Ziehen an einem Griff für zwei Finger. Während des Ziehens steht man auf einer Waage. Man misst die maximale Entlastung. Es werden nacheinander alle Fingerpaare trainiert, zwischen linker und rechter Hand wird gewechselt.	
Methode:	1 WH à 5 s, 3 Serien, 3 min Serienpause	

Einarmiges Hängen

Trainingswirkung	Muskelgruppe	Punkte
Intram. Koordination	Finger	1 WH = 1 Punkt
Beschreibung	Einarmiges Hängen an einem Griff für das erste und zweite Fingerglied. Steigerung durch Verwendung von Zusatzgewichten oder einem kleineren Griff. Beidseitig trainieren.	
Methode:	1 WH à 5 s, 3 Serien, 3 min Serienpause	

Einarmiger Klimmzug

Trainingswirkung	Muskelgruppe	Punkte
Intram. Koordination	Armbeuger	1 WH = 1 Punkt
Beschreibung	Einarmiger Klimmzug an Reckstange mit Unterstützung durch Theraband. Intensitätsvariation durch Verändern der Griffhöhe am Band (je höher, je leichter). Die Seiten wechseln. Tipp: Wer keinen einarmigen Klimmzug schafft, kann zunächst mit langsamem Ablassen aus der Beugestellung beginnen. Achtung, dabei nicht in die Schulter fallen lassen.	
Methode:	1 WH, 5 Serien, 4 min Serienpause	

Hangwaage vorlings		
Trainingswirkung	Muskelgruppe	Punkte
Intram. Koordination	Rumpf	1 WH = 1 Punkt
Beschreibung	Hangwaage vorlings an Reckstange, die Intensität kann durch Partnerhilfe (durch Stützen am Gesäß) oder Anziehen eines Beins verändert werden.	
Methode:	1 WH à 5 s, 3 Serien, 3 min Serienpause	

Trainingsprofis

Klimmzug an Leisten		
Trainingswirkung	Muskelgruppe	Punkte
Hypertrophie	Finger	1 Serie = 2,5 Punkte
Beschreibung	Beidarmiger Klimmzug an Leisten für das erste Fingerglied mit aufgestellten Fingern. Eine Steigerung der Intensität kann durch die Verwendung von Zusatzgewichten erreicht werden.	
Methode:	8-12 WH, 4-5 Serien, 2-3 min Serienpause	

Beidarmiges Leistenhängen		
Trainingswirkung	Muskelgruppe	Punkte
Hypertrophie	Finger	1 Serie = 2,5 Punkte
Beschreibung	Beidarmiges Hängen an einer Leiste für das erste Fingerglied mit hängenden oder gestellten Fingern. Nach 10 s Hängen erfolgt eine Pause von 5 s. Als Variation kann auch nur an Fingerpaaren gehangen werden (Mittel- und Ringfinger; Mittel- und Zeigefinger).	
Methode:	8-10 WH à 10 s, 5 s Pause nach jeder Wiederholung, 4-5 Serien, 3 min Serienpause	

Uneven-Pull-Up an Leisten		
Trainingswirkung	Muskelgruppe	Punkte
Hypertrophie	Finger	1 Serie = 2,5 Punkte
Beschreibung	Beidarmiger Klimmzug mit unterschiedlich hohem Griffniveau an Leisten. Variation der Intensität durch Veränderung der Griffe und Griffabstände. Beidseitig trainieren.	
Methode:	8-12 WH, 4-5 Serien, 2-3 min Serienpause	

Klimmzug an Henkeln		
Trainingswirkung	Muskelgruppe	Punkte
Hypertrophie	Armbeuger	1 Serie = 2,5 Punkte
Beschreibung	Beidarmiger Klimmzug an Henkeln (zwischen Kamm- und Ristgriff variieren) bzw. frei drehbaren Griffen. Die Intensität kann durch die Verwendung von Zusatzgewichten gesteigert werden. Als Variante kann dies auch am Rollgriff (siehe Geräte) durchgeführt werden. Hierbei werden die Unterarme stärker trainiert.	
Methode:	8-12 WH, 4-5 Serien, 2-3 min Serienpause	

Uneven-Pull-Up		
Trainingswirkung	Muskelgruppe	Punkte
Hypertrophie	Armbeuger	1 Serie = 2,5 Punkte
Beschreibung	Klimmzug auf unterschiedlichem Griffniveau. Je Arm werden 3 Serien absolviert. Intensitätssteigerung durch größeren vertikalen Abstand der Griffe. Seiten wechseln.	
Methode:	6-10 WH, 6 Serien (3 je Seite), 2-3 min Serienpause	

ABC- Training		
Trainingswirkung	Muskelgruppe	Punkte
Hypertrophie	Armbeuger	1 Serie = 2,5 Punkte
Beschreibung	Zwei Klimmzüge machen, dann bei einem Ellbogengelenkswinkel von 20° 5 s blockieren (A), wieder 2 Klimmzüge, dann bei 90° 5 s blockieren (B) und das Gleiche nochmals bei 120° (C). Ein ABC entspricht einer Serie. Intensitätssteigerung durch Zusatzgewichte oder Erweiterung um ein weiteres D, E oder F.	
Methode:	5 Serien, 2-3 min Serienpause	

Ropeladder hangeln		
Trainingswirkung	Muskelgruppe	Punkte
Hypertrophie	Armbeuger / -strecker	1 Serie = 2,5 Punkte
Beschreibung	Hangeln an der Strickleiter. Ein Weitergreifen zählt als eine Wiederholung. Wichtig ist, dass nicht geschnappt wird, sondern sauber zur nächsten Sprosse blockiert wird, da sonst eine große Verletzungsgefahr besteht. Größere Griffabstände erhöhen die Intensität. Jede Serie mit einem anderen Arm beginnen.	
Methode:	8-10 WH, 4-6 Serien, 2-3 min Serienpause	

Dips		
Trainingswirkung	Muskelgruppe	Punkte
Hypertrophie	Armstrecker	1 Serie = 2,5 Punkte
Beschreibung	Dips (Beugestütz) an zwei Barrenholmen bzw. Stuhllehnen machen. Intensitätsvariation durch Verwendung von Zusatzgewichten. Bei der Ausführung darauf achten, mit den Schultern bis zu den Händen hinab zu gehen.	
Methode:	8-12 WH, 4-5 Serien, 2-3 min Serienpause	

Ein- zweifingriges Ziehen auf der Waage		
Trainingswirkung	Muskelgruppe	Punkte
Intram. Koordination	Finger	1 WH = 1 Punkt
Beschreibung	Maximales einarmiges Ziehen an einem Ein- oder Zweifingerloch. Während des Ziehens steht man auf einer Waage und misst die maximale Entlastung. Nacheinander alle Finger trainieren, dabei zwischen der linken und rechten Hand abwechseln.	
Methode:	1 WH à 5 s, 3 Serien, 3 min Serienpause	

Einarmiges Hängen		
Trainingswirkung	Muskelgruppe	Punkte
Intram. Koordination	Finger	1 WH = 1 Punkt
Beschreibung	Einarmiges Hängen an einem Griff für das erste (zweite) Fingerglied. Steigerung durch Verwendung von Zusatzgewichten oder Variation des Griffs. Seiten wechseln.	
Methode:	1 WH à 5 s, 3 Serien, 3 min Serienpause	

Hangeln an Slopern		
Trainingswirkung	Muskelgruppe	Punkte
Intram. Koordination	Finger, Armbeuger	1 WH = 1 Punkt
Beschreibung	Hangeln an abschüssigen Griffen. Variation der Intensität durch Erhöhung der Griffabstände oder Veränderung der Griffgröße. Jede Serie mit einer anderen Hand beginnen. Jeder Griff zählt als 1 Punkt.	
Methode:	4 WH, 4 Serien, 4 min Serienpause	

Einarmiger Klimmzug		
Trainingswirkung	Muskelgruppe	Punkte
Intram. Koordination	Armbeuger	1 WH = 1 Punkt
Beschreibung	Einarmiger Klimmzug an Reckstange. Intensitätsvariation durch Verwendung von Zusatzgewichten oder Entlastung mit Hilfe eines Deuserbands oder Ähnlichem. Tipp: Wer keinen einarmigen Klimmzug schafft, kann zunächst mit langsamem Ablassen aus der Beugestellung beginnen. Achtung, dabei nicht in die Schulter fallen lassen.	
Methode:	1 WH, 5 Serien, 4 min Serienpause	

Beschleunigen I		
Trainingswirkung	Muskelgruppe	Punkte
Intram. Koordination	Armbeuger	1 WH = 1 Punkt
Beschreibung	Aus dem Hängen an zwei unterschiedlich hoch montierten Griffen anziehen und möglichst weit mit der unteren Hand hochgreifen. In der Ausgangsstellung ist der höhere Arm gestreckt (siehe Bild). Variation der Intensität durch größere Griffabstände. Beide Arme im Wechsel trainieren.	
Methode:	4 WH mit 10 s Pause = 1 Serie, 4 Serien, Serienpause 3 min	

Beschleunigen II		
Trainings-wirkung	Muskelgruppe	Punkte
Intram. Koordination	Armbeuger	1 WH = 1 Punkt
Beschreibung	Aus dem Hängen an zwei unterschiedlich hoch montierten Griffen anziehen und möglichst weit mit der unteren Hand hochgreifen. Der Griffabstand wird so gewählt, dass der obere Arm in der Ausgangsposition etwa 90° gebeugt ist (siehe Bild). Variation der Intensität durch größere Griffabstände. Beide Arme im Wechsel trainieren.	
Methode:	4 WH mit 10 s Pause = 1 Serie, 4 Serien, Serienpause 3 min	

Beschleunigen III / Doppeldynamos		
Trainingswirkung	Muskelgruppe	Punkte
Intram. Koordination	Armbeuger	1 WH = 1 Punkt
Beschreibung	Klimmzug mit gleichzeitigem Weitergreifen beider Hände. Variation der Intensität durch größere Griffabstände. Um Verletzungen zu vermeiden, sollte diese Übung nur an guten Griffen durchgeführt werden, an denen die Finger nicht aufgestellt werden müssen.	
Methode:	4 WH mit 10 s Pause = 1 Serie, 4 Serien, Serienpause 3 min	

48

Hangwaage rücklings		
Trainingswirkung	Muskelgruppe	Punkte
Intram. Koordination	Rumpfmuskulatur	1 WH = 1 Punkt
Beschreibung	Hangwaage rücklings an Reckstange, die Intensität kann durch Partnerhilfe (Stützen an der Hüfte) verändert werden. Vorübung zur Hangwaage vorlings.	
Methode:	1 WH à 5 s, 3 Serien, 3 min Serienpause	

Hangwaage vorlings		
Trainingswirkung	Muskelgruppe	Punkte
Intram. Koordination	Rumpfmuskulatur	1 WH = 1 Punkt
Beschreibung	Hangwaage vorlings an Reckstange, die Intensität kann durch Partnerhilfe oder Anziehen eines Beins verändert werden.	
Methode:	1 WH à 5 s, 3 Serien, 3 min Serienpause	

Fahne		
Trainingswirkung	*Muskelgruppe*	*Punkte*
Intram. Koordination	Rumpfmuskulatur	1 WH = 1 Punkt
Beschreibung	Seitliches Anheben des Körpers in die Waagerechte an einer Sprossenwand oder Kletterwand. Variation der Intensität durch Anziehen der Beine oder Partnerhilfe.	
Methode:	1 WH à 5 s, 3 Serien, 3 min Serienpause	

Hangelpyramide Finger		
Trainingswirkung	*Muskelgruppe*	*Punkte*
Interm. Koordination	Finger	10 Punkte je Pyramide
Beschreibung	Hangeln an abschüssigen Griffen am Brett mit Übergreifen. In der ersten Serie eine Leiste auslassen (Leiste 1, 3, 5, 7), in der zweiten Serie 2 Leisten auslassen (1, 4, 7), wenn möglich in der dritten Serie 3 Leisten auslassen (1, 5, 8 oder 7) ansonsten die zweite Serie wiederholen, vierte Serie wie zweite, fünfte wie erste. Jede Serie wird mit dem linken bzw. rechten Arm beginnend ausgeführt. Bei der dritten Serie sollte der Griffabstand annähernd maximal sein. Der Leistenabstand beträgt ca 20 cm. Jede Serie mit links und rechts ausführen, erst dann steigern, 2 min Serienpause.	
Methode:	Siehe Beschreibung.	

Hangelpyramide Arme		
Trainingswirkung	*Muskelgruppe*	*Punkte*
Interm. Koordination	Arme	10 Punkte je Pyramide
Beschreibung	Hangeln an guten Griffen am Brett mit Übergreifen. Der Ablauf ist der Gleiche wie in der Übung zuvor beschrieben.	
Methode:	Siehe vorhergehende Übung.	

Alle Leistungsstufen

Sit-Ups		
Trainingswirkung	*Muskelgruppe*	*Punkte*
Hypertrophie	Bauchmuskulatur	
Beschreibung	Aus der Rückenlage mit erhöhten Beinen den Oberkörper ca. 30° anheben. Die Intensität kann durch Strecken der Arme über den Kopf hinaus gesteigert werden. Als Variation für die schräge Bauchmuskulatur kann die Übung auch diagonal (linke Schulter zum rechten Knie und umgekehrt) ausgeführt werden.	
Methode:	30 WH = 10 Punkte, 15 WH = 5 Punkte	

Bouldern		
Trainingswirkung	*Muskelgruppe*	*Punkte*
Interm. Koordination	gesamter Körper	subjektive Bewertungsskala (siehe Kapitel Kraftausdauer)
Beschreibung	Klettere Boulder von 2-8 Zügen Länge. Lege nach jedem Boulder eine Pause von 3-5 min ein. Insgesamt kletterst du 8-12 Boulder. Die Schwierigkeit der Boulder sollte zwischen 3 und 10 auf der subjektiven Skala liegen	
Methode:	1 Boulder klettern, 3-5 min Pause, insgesamt 8-12 Boulder, 1 Serie	

Hantelscheibe heben		
Trainingswirkung	*Muskelgruppe*	*Punkte*
Hypertrophie	Finger	10 Punkte für einen kompletten Durchgang
Beschreibung	Im Stand wird eine Bandschlinge am nach unten gestreckten Arm mit ein oder zwei Fingern gehalten. An der Bandschlinge ist eine Hantelscheibe (Gewicht: 60% der Maximalkraft; vgl. Tests) befestigt. Durch Beugung des Fingerendgelenks wird die Scheibe auf und ab bewegt. Es werden alle Finger einzeln bzw. paarweise trainiert.	
Methode:	10 WH je Finger, 3 Serien je Hand, 2-3 min Serienpause	

Handgelenksbeuger / -strecker		
Trainingswirkung	*Muskelgruppe*	*Punkte*
Hypertrophie	Handgelenksmuskeln	10 Punke je Durchgang
Beschreibung	Im Stehen wird der Arm nach unten gestreckt, in der Hand wird eine Hantel gehalten. Das Handgelenk wird abwechselnd maximal gebeugt und gestreckt. Die Übung kann auch parallel mit beiden Seiten durchgeführt werden. Beim Strecken des Handgelenks werden die Handgelenksstrecker trainiert, die für das Halten von gestellten Griffen wichtig sind, beim Beugen die Handgelenksbeuger, die für das Fixieren von abschüssigen Griffen und Slopern wichtig sind.	
Methode:	10 WH, 5 Serien, 2-3 min Serienpause	

Systemtraining

Das „Systemtraining" ist eine besondere Form des intermuskulären Koordinationstrainings, bei dem kletterspezifische Bewegungen (ähnlich dem Bouldern) mit den Methoden des Krafttrainings kombiniert werden. Durch den Einsatz der Füße wird die gesamte Muskelkette von den Fingern über Arme, Schultern und Rumpf bis zu den Zehen trainiert. Als Basis des Systemtrainings werden häufig vorkommende Griff-Trittkombinationen („Grundstellungen") trainiert. Jeder kann sich darüber hinaus weitere Griff-Trittkombinationen definieren, die einem schwer fallen oder die in einer speziellen Route auftreten.

Durchführung

Beim Systemtraining sollte darauf geachtet werden, stets die ökonomischere Art der Bewegung auszuführen, denn es sollen die kletterspezifischen Bewegungen trainiert werden. Beim Klettern wird auch die leichteste Art gewählt, einen Zug zu klettern. Wichtig ist bei allen Übungen, die Körperspannung aufrecht zu erhalten, das heißt die Hüfte bzw. der Körperschwerpunkt sollte dicht an der Wand bleiben. Die Intensität sollte so gewählt werden, dass gerade drei Wiederholungen geschafft werden. Die Wandneigung beträgt 15 bis 40°, eine Steigerung der Intensität kann durch Anhängen einer Zusatzlast von bis zu 3 kg, steiler Stellen der Wand oder durch Veränderung der Griffe und Griffabstände erreicht werden. Mittels Partnerunterstützung kann die Intensität reduziert werden.

Unterschieden wird die Halte- und die Zugübung. Die Halteübung ist die Basisübung zum Gewöhnen an eine neue Kombination und Vorbereitung für die Zugübung.

Systemtraining		
Trainingswirkung	*Muskelgruppe*	*Punkte*
Interm. Koordination	gesamter Körper	1 Punkt je Übung
Beschreibung	Durchführung: Aus der gewählten Position mit gestrecktem Arm wird einarmig in die Endstellung gezogen und diese 3 s gehalten. Der Ablauf wird mit jeder Seite 3-mal wiederholt. Ausführliche Beschreibung siehe unten.	
Methode:	3 WH je Seite, 1 Serie = 6 Übungen, 3 Serien, 2-3 min Serienpause	

Halteübung

Versuche über drei Sekunden, in der gewählten Griff-Trittkombination, den Griff möglichst hoch einarmig zu fixieren und dabei die günstigste Körperstellung einzunehmen. Bringe die Hüfte durch Einsatz der Füße nah an die Wand, halte die Körperspannung, knicke nicht in der Hüfte ab. Es werden abwechselnd 3 Wiederholungen je Seite gemacht. Dann folgt eine Serienpause von 2 bis 3 Minuten, insgesamt werden 3 Serien gemacht.

Zugübung

Halte in der gewählten Griff-Trittkombination den Griff mit einer Hand und ziehe dreimal hintereinander mit einem Arm und Unterstützung der Beine möglichst weit zum nächsten Griff. Dabei solltest du versuchen, möglichst viel aus den Beinen zu drücken und so wenig wie möglich mit den Armen zu ziehen. Dies geht nur, wenn du die Körperspannung hältst und die Hüfte nah an der Wand ist. Es werden abwechselnd 3 Wiederholungen je Seite trainiert, dann kommt eine Pause von 2 bis 3 Minuten, insgesamt 3 Serien je Übung. Als leichtere **Variante** kann man diese Übung auch beidarmig ausführen. Der zweite Arm drückt dabei aktiv mit in Richtung Zielgriff. Hierdurch ähnelt die Bewegung stärker dem Bewegungsablauf beim Klettern.

Die **Grundübungen** sind als Übungsbeispiele zu sehen, die beliebig verändert werden können. Mögliche Kombinationen sind hierbei:

Zweifingerloch frontal
Halte mit einer Hand ein Zweifingerloch und steige mit den Innenseiten der Füße auf gleicher Höhe an.

Leiste aufgehockt
Halte mit einer Hand eine Leiste und tritt mit dem Fuß der gegenüberliegenden Seite fast hüfthoch an. Der andere Fuß wirkt unterstützend.

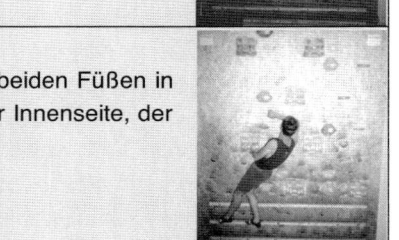

Untergriff eingedreht
Halte einen Untergriff und steige mit beiden Füßen in gleicher Höhe an. Ein Fuß tritt mit der Innenseite, der andere mit der Außenseite an.

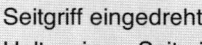

Seitgriff eingedreht
Halte einen Seitgriff und tritt mit den Füßen wie zuvor. Der Körper wird weiter zur Seite gelehnt.

Zangengriff frontal
Halte mit einer Hand einen Zangengriff und steige mit den Innenseiten der Füße in gleicher Höhe an.

Sprünge erfordern Koordination und Schnellkraft, wie es hier Nikki Haager im Tessin demonstriert wird. Foto: Nico Delaleu.

5 Kraftausdauertraining

„Kraftausdauer im Sportklettern ist die Ermüdungswider-standsfähigkeit bei Kraftleistungen der lokal arbeitenden Muskulatur bei einem spezifischen Belastungs- Entlastungswechsel. In Abhängigkeit von Belastungshöhe und Belastungs- Entlastungsrhythmus überwiegt der lokale aerobe oder der lokale anaerobe Stoffwechsel der arbeitenden Muskulatur. Kraftausdauerleistungen werden beim Sportklettern insbesondere von der Fingerbeugemuskulatur gefordert." [6]

Die Kraftausdauer ist einer der wichtigsten konditionellen Einflussfaktoren im Klettern. Da selbst beim Bouldern Kletterzeiten von 30 Sekunden und mehr auftreten, ist die Kraftausdauer in allen Kletterdisziplinen (Rotpunkt, Onsight, Wettkampf) von großer Bedeutung. Neuere Untersuchungen haben gezeigt, dass die Kraftausdauer sehr gut trainierbar ist, aber auch relativ schnell wieder verloren geht. Die meisten Kletterer bekommen dies zu spüren, wenn nach mehrwöchiger Kletterpause eine längere Route nur mit Ruhen geschafft wird. Der Energiestoffwechsel und die Art der Energiebereitstellung sind entscheidend für die Leistungsfähigkeit im Kraftausdauerbereich. Einfach gesagt gesprochen unterscheidet man den aeroben (mit Sauerstoff) und anaeroben (ohne Sauerstoff) Stoffwechsel. Ob nun mehr Energie aerob oder anaerob bereitgestellt wird, kann man indirekt am Blutlaktatverhalten ablesen. Das Laktat ist der Stoff, der das Brennen in den Unterarmen „verursacht." Lässt man Kletterer mit unterschiedlich gut trainierter Kraftausdauer die gleiche Route klettern bzw. den gleichen Test machen, kann man sehen, dass die weniger gut trainierten Kletterer (Rang 3 bis 5) sofort mit einem steilen Anstieg des Blutlaktats reagieren, während die gut trainierten Kletterer (Rang 20 bis 22) zunächst keinen Anstieg erkennen lassen.

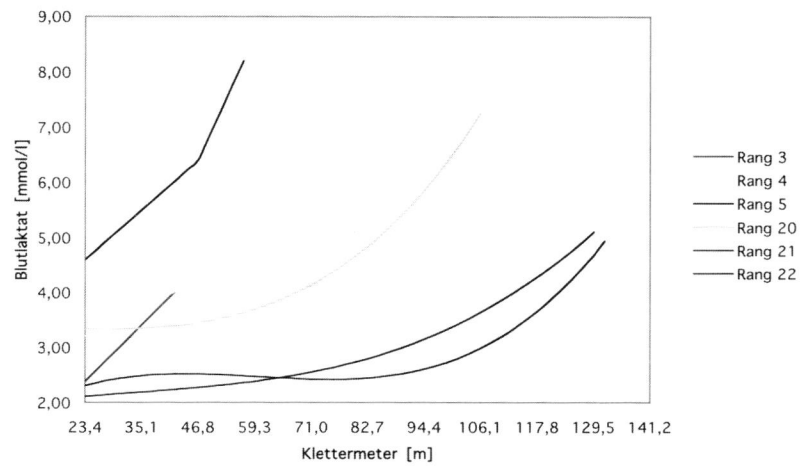

Blutlaktatverhalten bei Kletterern verschiedener Leistungsstufen (hoher Rang = hohe Kletterleistung) [6]

Dieser flache bzw. annähernd parallel zur x- Achse verlaufende Bereich der Kurve kennzeichnet die aerobe, der steile Anstieg die anaerobe Energiebereitstellung beim Klettern. Es wird deutlich, dass der gut ausgebildete aerobe Stoffwechsel der gut trainierten Kletterer den Hauptunterschied in der Kraftausdauer ausmacht. Dies kann man auch leicht am Fels beobachten. Gut Kraftausdauer trainierte Kletterer klettern die gleichen Routen ohne „sehr dicke Arme" zu bekommen bzw. sie bekommen später dicke Arme.

Für das Training bedeutet dies, dass der Trainingsschwerpunkt im Kraftausdauerbereich auf der Verbesserung des kletterspezifischen aeroben Stoffwechsels liegt. Dies ist wichtig, da ein starker Anstieg des Laktats die Kontraktionsfähigkeit des Muskels hemmt und wir uns dann nicht mehr festhalten können. Wir müssen daher den Punkt, an dem wir „dicke Arme" bekommen, möglichst weit nach hinten hinausschieben. Hierfür ist der aerobe Stoffwechsel entscheidend, da dieser unter anderem entstandenes Laktat sofort wieder abbaut.

Allerdings sind hierbei disziplinspezifische Unterschiede im Training zu beachten. Beim Bouldern wird viel Energie pro Zeiteinheit benötigt. Die Energie wird zwar vorwiegend anaerob bereitgestellt, die Kletterzeit ist aber so kurz, dass der Laktatwert relativ niedrig bleibt. Die Onsightrouten sind leichter, da die Routen oft lang sind und es Schüttelpunkte gibt. Daher ist der aerobe Stoffwechsel von großer Bedeutung. Auch wenn wir gegen Ende der Route dicke Arme bekommen, können wir immer noch relativ viel Laktat über den aeroben Stoffwechsel gleich wieder abbauen. Beim Rotpunktklettern werden die höchsten Schwierigkeiten geklettert, es wird viel Energie pro Zeiteinheit benötigt und viel Laktat produziert. Je nach Routencharakter sind sowohl der aerobe als auch der anaerobe Stoffwechsel oder einer von beiden entscheidend.

Laktatwerte beim Klettern

Diszip- lin	Boul- dern	Rot- punkt	Onsight
Belas- tungs- dauer	Bis 50 s	50 s – 4 min	3 min – 10 min
Routen beispiel	Mass Mover 7c+	Fred Feuer- stein 8b+	Vögeln verboten 7c+
Trai- nings- ziel	Anaerob	Aerob und an- aerob	Aerob
Laktat [mmol/l]	3,7	7,3	5,7

Merke: Laktat hat eine Halbwertszeit von 20 Minuten, d.h. nach 20 Minuten ist die Hälfte des Laktats bereits abgebaut, nach 40 Minuten sind es Dreiviertel. Beachte dies bei deinen Pausen am Klettertag. Bevor du wieder kletterst, sollte das Laktat etwa den Ruhewert von 2 mmol/l oder darunter erreichen. Im Training werden oft kürzere (unvollständige) Pausen gemacht, um vorermüdet zu sein.

Im Kraftausdauertraining können wir daher zwei Bereiche unterscheiden, das aerobe und das anaerobe Kraftausdauertraining. Im aeroben Kraftausdauertraining sollten die Unterarme nur ganz leicht oder gar nicht dick werden, das „Zulaufen" der Unterarme ist zu vermeiden. Dies ist das Zeichen dafür, dass massiv Laktat angehäuft wird. Im anaeroben Kraftausdauertraining sollten sich die Unterarme dick anfühlen, unter Umständen auch „hart" werden, wenn bis zum Belastungsabbruch geklettert wird.

Trainingsdurchführung

Die Durchführung des Trainings erfolgt durch Klettern in mittleren Wandneigungen (ca. 10 bis 35°). Die Trainingsrouten sollten möglichst homogene Züge aufweisen. Die Zeit ist als Maß für die Belastungsdauer ungeeignet, da nicht die Erhöhung der Kletterzeit das Ziel ist, sondern die Verlängerung der Kletterstrecke. Ein auf Zeitangaben basierendes Training würde zu Zeitdruck führen und in Folge zu unnötigen technischen Fehlern. Sinnvoller ist es daher, die Anzahl der Kletterzüge (Griffe) oder Klettermeter als Vorgabe für die Belastungsdauer zu verwenden. Ferner sollten die Trainingsrouten regelmäßig gewechselt werden, um Gewöhnungseffekte zu vermeiden.

Subjektive Schwierigkeitsskala

Entscheidend im Kraftausdauertraining ist es, die richtige Intensität zu treffen. Hierzu verwende ich eine subjektive Schwierigkeitsskala, an der man den Grad der dicken Arme festmachen kann. Diese Skala wird auch bei der Punktevergabe im Rahmen der Trainingsplanung verwendet. Die Anwendung der Skala sollte zunächst erprobt werden. Die Belastungsintensität wird hierbei nicht am Schwierigkeitsgrad festgemacht, sondern an der jeweiligen subjektiven Einschätzung der Route in Form von Worten. Der verbalen Beschreibung werden Punktwerte zugeordnet, die als Angabe der Trainingsintensität dienen und bei den Trainingsübungen als Intensitätsangabe wieder zu finden sind. Werte ohne Beschreibung sind als Zwischenwerte anzusehen, wenn die Einschätzung zwischen den Beschreibungen liegt. Punkte gibt es immer dann, wenn man eine Tour im Rahmen des Trainings nach einer bestimmten Methode geschafft hat. Schwierig wird es, wenn man beispielsweise kurz vor dem Ausstieg stürzt und die Route nicht ganz beenden kann. Hier muss jeder selbst entscheiden, ob er die Hauptschwierigkeit überwunden hat und als Kompromiss einen Teil der Punkte bekommt oder ob er keine Punkte bekommt. Die Werte 0 und 10 dienen als Abgrenzung nach oben und unten. Im Training werden zwischen 2 und 8 Punkten vergeben. Werte zwischen 0 und 3 entsprechen leicht dicken Armen, zwischen 3 und 6 dicken Armen und über 6 extrem dicken oder harten Armen.

Subjektive Schwierigkeitsskala für das Routen-, Boulder-, Technik- und Taktiktraining (1 und 4 sind Zwischenwerte):

0 keine Anstrengung
1 sehr leicht
2 leicht   Aufwärmboulder / -route, nicht besonders anstrengend. Ich spüre kaum etwas in den Unterarmen.
3 etwas anstrengend   Boulder / Route, den ich, wenn ich mich anstrenge, sicher klettern kann. Die Unterarme werden etwas dick.
4 anstrengend
5 schwer   Boulder / Route, die ich unter verschiedenen Bedingungen ohne Probleme 2-3-mal klettern kann. Die Unterarme werden dick, wenn es noch etwas weitergeht, laufe ich zu.
6/7 sehr schwer   Boulder / Route, die ich bei unterschiedlichen Bedingungen gerade noch sicher klettern kann. Die Unterarme beginnen zu zulaufen.
8/9/10 maximal   Ich kann den Boulder / die Route bei besten Bedingungen einmal klettern. Am Ende bin ich vollkommen K.O.

Aerobes Kraftausdauertraining

Das aerobe Kraftausdauertraining soll vorwiegend den aeroben Stoffwechsel und den Laktatabbau unter Belastung verbessern. Die Routenneigung ist relativ gering, die Routen sind lang und das Klettertempo sollte langsam sein (ca. 8 bis 10 s je Zug). Die Trainingsformen werden im Folgenden dargestellt. Die Unterscheidung nach dem Leistungsstand ergibt sich aus dem Schwierigkeitsgrad der Routen. Dieser sollte grob 2 ganze UIAA-Grade unter der Rotpunktbestleistung liegen. Die Formen gelten daher für alle Leistungsbereiche.

Leichte Routen spulen / Auf- und abklettern. Unter „Spulen" ist das Klettern vieler Routen in kurzen Abständen zu verstehen, d.h. zwischen den Routen gibt es keine oder nur sehr kurze Pausen. Beim „leichte Routen spulen" werden 5-6 Routen mit jeweils 30 bis 40 Zügen oder (Erhöhung der Routenlänge durch abklettern) einer Dauer von 5 bis 10 min mit Pausen von 1 bis 2 min geklettert. Die Intensität liegt dabei bei 2 bis 3 auf der subjektiven Skala.

Intensität	Dichte	Belastungsumfang und –dauer
Subjektiv 2-3, leicht geneigtes Gelände	Pause 1-2 min, unvollständig	5-6 Routen à 30-40 Züge; 5-10 min je Route

Schwierige Routen spulen 1 / Auf und ab klettern. Beim „Spulen" schwieriger Routen werden ca. 9 Routen à 20 bis 30 Züge in 3 Serien mit einer Serienpause von 5 min geklettert. Zwischen jeder Route erfolgt eine Pause von 3 min. Die Intensität liegt bei 3 bis 5 auf der subjektiven Skala.

Intensität	Dichte	Belastungsumfang und –dauer
Subjektiv 3-5; leicht geneigtes Gelände	Pause nach jeder Route 3 min, unvollständig; 5 min Serienpause (vollständig)	9 Routen à 20- 30 Züge in 3 Serien bzw. 3-4 min je Route

Kreiseln leicht. An einer leicht überhängenden Boulderwand werden Griffe für das erste und zweite Fingerglied oder Sloper, die kreisförmig angeordnet sind, definiert. Dieser „Kreisel" aus Griffen wird geklettert, die Belastung sollte dabei als etwas anstrengend bis schwer empfunden werden. Die Schwierigkeit sollte so gewählt werden, dass 30 bis 50 Züge je Serie geschafft werden. Insgesamt werden 2 bis 4 Serien absolviert.

Intensität	Dichte	Belastungsumfang und –dauer
subjektiv 3-5; 30-50 Züge sollten geschafft werden; leicht geneigtes Gelände	Serienpause 3-5 min, unvollständig	2-4 Serien mit 30-50 Zügen; 3-8 min

Boulder verbinden. Bei dieser Trainingsform wird ein Boulder geklettert, darauf folgend klettert man auf einem einfachen Weg wieder zum Anfang des Boulders zurück und ruht in einer guten Ruheposition. Diese kann beispielsweise aus zwei guten Griffen bestehen. Nach der Erholungsphase folgt ein weiterer Boulder. Insgesamt werden 2 bis 4 Boulder auf diese Art verbunden. Es werden 4 bis 6 Serien mit einer Serienpause von 5 bis 10 min absolviert. Die Belastungsintensität sollte bei 4 bis 6 auf der subjektiven Skala liegen. Durch die aktive Pause am Ruhepunkt soll auch das Erholen und das Gefühl für den richtigen Zeitpunkt zum Weiterklettern entwickelt werden.

Intensität	Dichte	Belastungsumfang und –dauer
Subjektiv 4-6; leicht geneigtes bis steiles Gelände	Pause aktiv an gutem Ruhepunkt (unvollständig); 5-10 min Serienpause (vollständig)	2-4 Boulder à 5-10 Züge; 4-6 Serien; 1-2 min Belastung und aktive Pause

Lange Routen klettern. Beim Klettern langer Routen kann Rotpunkt oder Onsight geklettert werden. Die Routen weisen eine Länge von ca. 40 Zügen bzw. 3 bis 8 min Kletterzeit auf. Als Richtwert sollte eine Intensität von etwa 3 bis 5 auf der subjektiven Skala gewählt werden. Insgesamt werden 3 bis 5 Routen geklettert, die Pause zwischen den Routen beträgt mindestens 5 min.

Intensität	Dichte	Belastungsumfang und – dauer
subjektiv 3-5	Pause nach jeder Route mindestens 5 min, vollständig	3-5 Routen à 40 Züge bzw. 3-8 min je Route

Anaerobes Kraftausdauertraining

Im anaeroben Kraftausdauertraining soll der anaerobe Energiestoffwechsel, die Glykolyserate, die Laktatproduktion und die Willenskraft, trotz Muskelschmerzen weiter zu klettern, trainiert werden. Die Routen sind hierbei steiler als im aeroben Training und das Klettertempo ist höher. Nachfolgend werden die Trainingsformen im anaeroben Kraftausdauertraining beschrieben. Der Schwierigkeitsgrad der Routen sollte etwa 1 UIAA-Grad unter der Rotpunktbestleistung liegen. Die Formen gelten daher für alle Leistungsbereiche, wobei anaerobes Kraftausdauertraining für Trainingsanfänger von untergeordneter Bedeutung ist.

Hangeln am Campusbrett. Die Durchführung erfolgt in 6 Serien mit 15 bis 20 Belastungen/Kletterzügen mittlerer Intensität. Eine Belastung entspricht dabei dem Weitergreifen. Hierbei wird an einem Campusbrett mit Leisten im Abstand von ca. 20 cm Abstand durch Weitergreifen zum nächsten Griff auf und ab gehangelt. Je nach Leistungsvermögen sind die Griffe bzw. Griffabstände so zu variieren, dass die Belastungsvorgabe 15 bis 20 Züge zu hangeln, eingehalten wird. Prozentuale Angaben der Belastungsintensität sind in diesem Fall schwierig, da sie individuell zu einer unterschiedlichen Anzahl von realisierten Wiederholungen führt. Nach jeder Belastung erfolgt eine Pause von 2 bis 3 min, nach 3 bis 5 Serien eine Serienpause von 5 min. Bei dieser Trainingsform treten durch das einarmige Weitergreifen maximale Belastungsintensitäten auf. Ziel ist die Verbesserung der anaeroben Kapazität über den verbesserten Phosphatabbau, die verbesserte Phosphatresynthese und erhöhte Speicherkapazität. Das Intervallhangeln ist besonders zur Verbesserung der Kletterleistung im Bouldern und Rotpunktklettern geeignet. Untersuchungen haben gezeigt, dass bei kurzen intensiven Belastungen - vergleichbar dem Hangeln - auch die aerob arbeitenden Enzyme vermehrt werden [7]. Daher kann diese Form auch zu Verbesserungen der lokalen aeroben Kraftausdauer der Fingerbeuger führen.

Intensität	Dichte	Belastungsumfang und –dauer
subjektiv 5-7; 15-20 WH sollten geschafft werden	2-3 min Serienpause, unvollständig	15-20 WH

Schwierige Routen spulen 2. Beim „Spulen" schwieriger Routen werden Routen im Bereich von 5 bis 7 auf der subjektiven Skala geklettert. Nach jeder Route erfolgt eine Pause von 3 bis 4 min. Es werden 4 bis 6 Routen mit einer Länge von jeweils 15 bis 20 Zügen bzw. 1,5 bis 5 min. geklettert. Das Gelände sollte steil sein.

Intensität	Dichte	Belastungsumfang und –dauer
subjektiv 5-7; steiles Gelände	Pause 3-4 min, unvollständig	4-6 Routen à 15-20 Züge; 1,5-3 min

Boulder spulen. „Boulder spulen" zielt auf die Verbesserung des Phosphatabbaus sowie der Erhöhung der Phosphat- und Muskelglykogenspeicher ab. Die Intensität liegt zwischen 5 und 7 auf der subjektiven Skala. Es werden 6 bis 10 Boulder mit einer Länge von 5 bis 10 Zügen oder einer Dauer von 30 bis 60 s geklettert. Zwischen den einzelnen Bouldern erfolgt eine Pause von 1 bis 2 min. Diese Form wird besonders zur Steigerung der Kletterleistung im Bouldern und Rotpunktklettern eingesetzt.

Intensität	Dichte	Belastungsumfang und –dauer
subjektiv 5-7; steile Boulder	Pause 1-2 min, unvollständig	6-10 Boulder à 5-10 Züge; 30-60 s je Boulder

Routen klettern (schwer). Routen klettern bedeutet, bekannte sehr schwierige Routen zu klettern. Die Belastungsintensität liegt bei 6 bis 8 auf der subjektiven Skala. Es können - je nach Zielsetzung - drei bis fünf Onsight- oder Rotpunktversuche mit 15 bis 20 Zügen gemacht werden. Zwischen den Versuchen wird eine Pause von mindestens 5 bis 10 min Dauer gemacht. Bei einem nicht erfolgreichen Durchstiegsversuch sollten zumindest zwei Drittel der Kletterstrecke absolviert worden sein, um den Versuch gelten zu lassen. Ziel ist die Verbesserung der anaeroben Energiebereitstellung. Je nach Ausrichtung (Onsight- oder Rotpunktversuch) wird die spezifische Belastung in der jeweiligen Disziplin trainiert.

Intensität	Dichte	Belastungsumfang und –dauer
subjektiv 6-8; steiles Gelände	Pause > 5 min, vollständig	3-5 Belastungen à 15-20 Züge bzw. 2-3 min

Bouldern. Beim Bouldern werden bekannte sehr schwierige Boulder mit vollständigen Pausen geklettert. Die Belastungsintensitäten liegen bei 6 bis 8 auf der subjektiven Skala. Es werden 8 bis 10 Boulder geklettert. Die Länge sollte zwischen 5 und 10 Zügen betragen. Zwischen den Versuchen wird eine Pause von mindestens 5 bis 10 min Dauer gemacht. Ziel ist die Verbesserung der anaeroben Energiebereitstellung.

Intensität	Dichte	Belastungsumfang und – dauer
Subjektiv 6-8	Pause >5 min, vollständig	8-10 Boulder à 5-10 Züge bzw. 30 s bis 1 min

Kreiseln schwer. An einer (stark) überhängenden Boulderwand werden Griffe für das erste und zweite Fingerglied, die kreisförmig angeordnet sind, definiert. Dieser „Kreisel" aus Griffen wird bis zum Belastungsabbruch geklettert. Die Schwierigkeit sollte so gewählt werden, dass etwa 20 Züge je Serie geschafft werden. Insgesamt werden 2 bis 4 Serien absolviert.

Intensität	Dichte	Belastungsumfang und –dauer
subjektiv 5-7; etwa 20 Züge sollten geschafft werden; (stark) überhängendes Gelände	Serienpause 3-5 min, unvollständig	2-4 Serien mit 20 Zügen; 3-8 min

Merke:
- **Wechsle** *die Trainingsrouten und Methoden regelmäßig!*
- *In einer **Trainingseinheit** sollten 1-2 Methoden angewandt werden.*
- *Wähle Routen mit **homogenen** Zügen!*
- *Achte darauf, nicht zu **schnell** zu klettern!*
- *Denke dir selber **Methodenvarianten** aus, **die deinen Bedingungen** entsprechen!*
- *Im **aeroben** Training solltest du nur **leicht** dicke Arme bekommen.*
- *Im **anaeroben** Training solltest du **dicke,** harte Unterarme bekommen.*
- *Der **Schwierigkeitsgrad** richtet sich nach deiner Kletterbestleistung. (Bestleistung UIAA 9, dann wähle für das aerobe Training Routen etwa im 7.*

Grad, für das anaerobe Training Routen etwa im 8. Grad).

- **Punkte** gibt es für jede Route, die du im Training kletterst, nach deinem Anstrengungsempfinden (subjektive Skala) bewertet.

Tipp: Während und nach dem Kraftausdauertraining bzw. Klettern bekommt man **dicke Arme.** Oft sind die Arme kurz nach dem Klettern am dicksten und schmerzen sehr. Durch Ausschütteln und leichtes Dehnen der Arme kann der Abbau der dicken Arme beschleunigt werden. Hält man die Arme beim Ausschütteln nach oben, dann wird die Arbeit der Venen durch die Schwerkraft unterstützt. Den Abbau der dicken Arme kann man ebenfalls durch sehr leichtes Ausklettern unterstützen. Hierbei übt der Muskel leichten Druck auf die Gefäße aus und das verbrauchte Blut wird Richtung Herz gepumpt. Letzteres bezeichnet man als „Muskelpumpe".

6 Beweglichkeitstraining

Unter Beweglichkeit versteht man die Fähigkeit, Bewegungen willkürlich und gezielt mit der erforderlichen bzw. optimalen Schwingungsweite der beteiligten Gelenke ausführen zu können [8].

Um eine optimale Ausnutzung der natürlichen Griff- und besonders der Trittmöglichkeiten beim Klettern zu gewährleisten, ist eine gut entwickelte Beweglichkeit, speziell der Beine und der Hüfte, notwendig. Die aktive Beweglichkeit meint die größtmögliche Bewegungsamplitude, die aufgrund der Kontraktion eines Muskels (Agonist, z.B.: der Armbiceps als Beuger) bei gleichzeitiger Dehnung seines Gegenspielers (Antagonisten, z.B.: der Armtriceps als Strecker) möglich ist. Sie wird beim Klettern benötigt, wenn ein Bein zum Foothook auf einen Tritt geschwungen wird. Die passive Beweglichkeit meint die maximale Bewegungsamplitude, die unter Einwirkung äußerer Kräfte (Schwerkraft, Partner) möglich ist. Diese Form tritt beim Klettern seltener auf. Die Beweglichkeit in einem bestimmten Gelenk des Körpers ist abhängig von der Gelenkigkeit (Gelenkart, Struktur von Bändern und Kapsel) und der Dehnbarkeit der Muskulatur. Während die Gelenkigkeit kaum trainiert werden kann, ist die Dehnfähigkeit der Muskulatur relativ gut trainierbar. Die Dehnfähigkeit der Muskulatur ist in hohem Maße abhängig von Tageszeit, Körpertemperatur und der Vorbelastung.

Veränderung der Beweglichkeit im Rumpfbeugen vorwärts in Abhängigkeit von Tageszeit, Körpertemperatur und Ermüdung [8]

morgens 8 Uhr	- 14 mm
mittags 12 Uhr	+ 35 mm
nach 10 min im Freien bei 10°C	- 35 mm
nach 10 min im warmen Wasser	+ 78 mm
nach 20 min Aufwärmen	+ 89 mm
nach ermüdendem Training	- 35 mm

Methoden und Inhalte im Beweglichkeitstraining

Galt noch bis vor wenigen Jahren das „Stretching" als Nonplusultra im Beweglichkeitstraining, so zeigen neue wissenschaftliche Untersuchungen keine Überlegenheit des Stretchings gegenüber herkömmlicher Schwunggymnastik. Diese Untersuchungen zeigen, dass sowohl intensives Stretching wie auch Schwunggymnastik die Muskelspannung erhöhen und in gleichem Maße die Beweglichkeit verbessern. Letzteres erfolgt über die Dehnung einer neu entdeckten Muskelstruktur, dem Titinfilament, und der Erhöhung der Schmerztoleranz gegenüber Dehnungsreizen [9, 10].

Wichtig für die Sportpraxis sind zwei neue Erkenntnisse. Kurzzeitiges intensives Dehnen, egal mit welcher Methode, führt zu einer Verbesserung der Beweglichkeit, erhöht aber auch die Muskelspannung, wodurch das Verletzungsrisiko steigt. Zum Aufwärmen sollte daher nur leicht – deutlich unter der Schmerzgrenze – gedehnt werden, es sei denn, es handelt sich um Muskeln, deren Beweglichkeit ein wichtiger Leistungsfaktor darstellt.

Langfristige Dehnprogramme über mehrere Wochen können zu einer Verstärkung der passiven Muskelstrukturen und zum Muskeldickenwachstum – analog zum Krafttraining – führen.

Merke:
- *Dehnen erhöht die Muskelspannung.*
- *Intensives Dehnen gehört in eine eigene Trainingseinheit.*
- *Schwingende Dehnübungen und Stretching sind gleichwertig.*
- *Insbesondere beim Aufwärmen sollte man sehr sanft dehnen, um Verletzungen zu vermeiden.*

Da beim Klettern auch mal ein Bein aktiv mit Schwung auf einen Tritt „geworfen" werden muss und Stretching nicht mehr als „schonender" anzusehen ist, sollten schwingendes Dehnen und Stretching Inhalt des Beweglichkeitstrainings sein.

Das Beweglichkeitstraining wird nach Möglichkeit ganzjährig und täglich absolviert, mindestens aber 6 Wochen vor der Saison. Vor dem etwa 10-minütigen Dehnprogramm wird eine kurze allgemeine Aufwärmarbeit durchgeführt. Beim Dehnen sollte ruhig und gleichmäßig geatmet werden.

Schwingendes (wippendes) Dehnen

Diese Form eignet sich besonders für das Beweglichkeitstraining der Beine. Es werden jeweils 2-3 Serien mit 10 Wiederholungen bei mittlerer (schwingendes Dehnen) oder langsamer (wippendes Dehnen) Geschwindigkeit durchgeführt.

Zähes Dehnen

Bei dieser Form wird eine Dehnungsstellung im Extrembereich für 10 bis 30 Sekunden gehalten. Man differenziert den leichten Stretch, der andauert, bis das Dehnungsgefühl merklich nachlässt und den intensiven Stretch, bei dem zusätzlich in der Endstellung nach 10 Sekunden noch etwas nachgedehnt wird.

Contract- Hold- Release- Stretch - Methode (CHRS)

Diese Methode ist in vier Phasen gegliedert. In der ersten Phase wird der zu dehnende Muskel maximal kontrahiert. Diese Spannung wird für 1 bis 2 Sekunden gehalten. Darauf wird die Spannung zügig gelöst. Durch das vorherige Auslösen des Sehnenspindelreflexes ist es nun möglich, den Muskel weiter zu dehnen als zuvor. Dabei begibt man sich solange langsam in die Position bis ein deutlicher Dehnungsreiz zu verspüren ist. Diese Stellung wird für ca. 10 Sekunden beibehalten, danach beginnt der Zyklus erneut mit einer Kontraktion. Der CHRS- Zyklus wird drei bis viermal wiederholt.

Anspannen – Entspannen

Durch eine maximale Kontraktion des Antagonisten (Gegenspielers) von 1 bis 2 Sekunden wird der zu dehnende Muskel über Hemmprozesse entspannt. In der Folge ist es möglich, eine extremere Dehnstellung einzunehmen. Diese wird für 10 bis 30 Sekunden gehalten.

„Top ten" Stretchingprogramm

Das hier beschriebene Trainingsprogramm sollte als Minimum angesehen werden und nach Möglichkeit täglich 1 bis 2-mal durchgeführt werden. Für die einmalige Durchführung des Programms gibt es 5 Punkte. Ergänzend kann ein den individuellen Bedürfnissen bzw. Schwächen ein angepasstes, erweitertes Programm absolviert werden. Alle Übungen können auch wippend ausgeführt werden.

Wadenmuskulatur (M. triceps surae)
Bei gestrecktem hintermn Bein, die Ferse ist am Boden, nach vorne neigen.

Vordere Oberschenkelmuskulatur (M. quadriceps)
Ausgangsstellung: die Knie berühren sich, die Hüfte ist gestreckt, ein Bein am Sprunggelenk fassen und zum Gesäß ziehen. Die Bauchmuskulatur wird mit angespannt.

Hintere Oberschenkelmuskulatur (Mm. ischiocrurales)
Das gestreckte Bein auf eine Erhöhung (Kasten,...) legen und mit geradem Rücken den Oberkörper nach vorne beugen.

Alternativ als schwingendes Dehnen im Stand ein Bein bis über die waagerechte hinaus schwingen.

Adduktoren (Mm. adductores)
Einen Fuß mit der Innenseite auf einen Stuhl legen, dann den Oberkörper zum Stuhl hin neigen.

Armstrecker (M. triceps brachii)
Ellbogen mit der Hand fassen und nach hinten unten ziehen.

Vordere Brustmuskulatur
(M. pectoralis maior) *Die Handfläche gegen den Türrahmen oder die Wand legen und dann mit leicht gebeugtem Arm nach vorne gehen. Je nach Handstellung (über, gleich oder unter der Schulter) wird ein anderer Teil des Brustmuskels gedehnt.*

Fingerbeuger (M. flexor digitorum / profundus / superficialis)
Handflächen flach auf den Boden stellen, dann mit gestreckten Armen den Oberkörper zurücklehnen bis der Dehnungsreiz einsetzt.

Seitliche Rückenmuskulatur (M. latissimus dorsi)
Beine kreuzen, aus dieser Position Oberkörper zur Seite neigen.

Extensoren der Finger und Hand
Hand zur Faust ballen und bei gestrecktem Ellbogen zu sich ziehen.

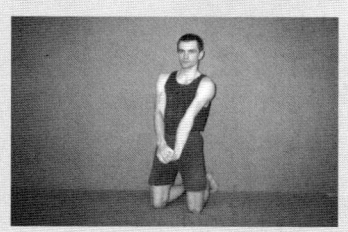

Hüftlendenbeuger (M. iliopsoas)
In der Schrittstellung das Becken aufrichten und mit dem Rumpf leicht zurückgehen.

7 Allgemeines Ausdauertraining

Beim Klettern selbst ist die allgemeine Ausdauerleistungsfähigkeit des Herzkreislaufsystems von untergeordneter
Bedeutung. Allerdings hat eine gut entwickelte Grundlagenausdauer (GLA), deren Voraussetzung ein leistungsfähiges
Herzkreislaufsystem ist, generell positive Wirkungen auf
den Gesundheitsstatus und die Erholungsfähigkeit. Daher
sollte in allen Sportarten ein allgemeines Ausdauertraining
absolviert werden.

Wirkung auf das Herz

Das allgemeine Ausdauertraining bewirkt einen reduzier-
ten Ruhepuls, ein erhöhtes Schlagvolumen und eine Senkung des peripheren Widerstands. Hierdurch wird der Sau-
erstoffverbrauch im Herzmuskel gesenkt, was zu einer Ö-
konomisierung der Herzarbeit führt.

Wirkung auf den Stoffwechsel

Durch Ausdauertraining kommt es zu einem verbesserten
aeroben Stoffwechsel, der die Laktatbeseitigung nach Belastung begünstigt und zu einem erhöhten Fettstoffwechsel
führt. Dies bewirkt eine beschleunigte Regeneration nach
Belastungen.

Wirkung auf das Blut

Es kommt zu einer Vergrößerung der Blutmenge, verbunden mit einer Verbesserung der Fließeigenschaften des
Blutes, in Folge wird die Nährstoffversorgung der Gefäße
verbessert.

Sonstige Wirkungen

Ausdauertraining bewirkt eine verbesserte Immunabwehr
und eine Senkung der Aktivität des Leistungsnervs Sympa-
thikus zu Gunsten einer erhöhten Aktivität des Ruhenervs

78

Parasympathikus. Dies äußert sich in einer verminderten Ausschüttung der Stresshormone Adrenalin und Noradrenalin.

Merke: Insgesamt dient das Ausdauertraining der Beschleunigung der Regeneration, der Optimierung des Stoffwechsels und der Erhöhung des Gesundheitsstatus. Aktive Erholungsmaßnahmen, beispielsweise leichtes Joggen, am Ruhetag verbessern die Erholungszeit.

Methoden und Inhalte im allgemeinen Ausdauertraining

Man unterscheidet zwei unterschiedliche Programme im Ausdauertraining. Das Gesundheitsminimalprogramm, das als Mindestanforderung durchgeführt werden sollte, um die Anpassungserscheinungen auszulösen und das Optimalprogramm, das aber sehr zeitaufwändig ist.

Gesundheitsminimalprogramm

Das Minimalprogramm ist als regeneratives Training in den kletterspezifischen Trainingsphasen geeignet.

Gesundheitsminimalprogramm

Umfang / Woche	60 Minuten; ca. 9-12 km laufen
Intensität	siehe Formeln unten
Dauer	mind. 10 min; Maximum 30 min
Häufigkeit	5 x 12 min oder 2 x 30 min

Gesundheitsoptimalprogramm

Das Gesundheitsoptimalprogramm ist für die kletterunspezifischen Trainingsphasen gedacht. Es stellt die wünschenswerte Belastung für ein optimales Gesundheitstraining dar.

Gesundheitsoptimalprogramm

Umfang / Woche	3 Stunden, ca. 35-40 km laufen
Intensität	siehe Formeln unten
Dauer	mind. 30 min; Maximum 60 min
Häufigkeit	6 x 30 min oder 3 x 60 min

In der Praxis werden die Trainingsbelastungen im Ausdauertraining je nach Athlet zwischen den Forderungen des Minimal- und des Optimalprogramms liegen.

Tipp: Optimal ist die Intensitätskontrolle mittels Herzfrequenzmessgerät. Die „richtige" Trainingsherzfrequenz kannst du mit nachstehenden Formeln errechnen.

Die optimale Trainingsherzfrequenz (THF) kann nach zwei Methoden berechnet werden. Die einfache Formel lautet:

(220 – Lebensalter) * 0,7 = unterer Wert
(220 – Lebensalter) * 0,85 = oberer Wert

Etwas präziser ist die Einbeziehung des Leistungsstandes über die Ruheherzfrequenz. Hierzu musst du am morgen 10 Minuten ruhig liegen und dann deinen Ruhepuls bestimmen. Die Formel für das Gesundheitstraining lautet:

THF = Ruhepuls + [(220 − Lebensalter − Ruhepuls) x 75%] ± 3

Beispiel:

Ein 25 Jahre alter Sportler mit einer Ruheherzfrequenz von 55 Schlägen hat folgende Trainingsherzfrequenz:

55 + [(220 − 25 −55) x 75%] = 55 + 105 = 160 ± 3

Der Trainingsbereich liegt bei 157 −163 Schlägen je Minute.

Trainingsinhalte im allgemeinen Ausdauertraining

Geeignete Inhalte für Kletterer sind beispielsweise Laufen, Rad fahren, Skilanglauf, Inlineskaten oder Sportspiele. Letztlich ist die Auswahl der Disziplin von den individuellen Möglichkeiten und Vorlieben abhängig. Beim Rad fahren und Inlineskaten ist zu beachten, dass längere Trainingszeiten gegenüber dem Laufen notwendig sind, um die gleiche Wirkung zu erzielen. Schwimmen scheidet in der Regel für das Ausdauertraining aus, da die Schwimmtechniken für ein wirksames Training meist nicht ausreichend beherrscht werden.

Energieverbrauch verschiedener Sportarten in Kilokalorien bei 70 kg Körpergewicht und einer Stunde Training Einen ausführlichen Kalorienrechner findet man bei *de.fitness.com*.

Sportart	Geschwindigkeit	Energieverbrauch
Schwimmen	25 m/min	378 kcal
Skilanglauf	5 km/h	499 kcal
Rad fahren	20 km/h	367 kcal
Inlineskaten	Nicht genannt	504 kcal
Laufen	9 km/h	731 kcal
Sportspiele		550 kcal

Trainingsinhalte im allgemeinen Ausdauertraining

Sportart	Punkte
Jogging	30 min = 15 Punkte
Rad fahren	60 min = 15 Punkte
Inlineskaten	45 min = 15 Punkte
Skilanglauf	30 min = 15 Punkte
Sportspiel e	30 min = 20 Punkte
Schwimmen	20 min = 15 Punkte

Aktuelle Trainingsinfos online
www.kletterntraining.de

8 Ausgleichstraining

Das Ausgleichstraining dient dazu, einseitige Belastungen und Beanspruchungen, die durch das Klettern entstehen, abzubauen und langfristig Verletzungen vorzubeugen.

Haltungsdefizite

Extreme Beanspruchungen der Muskulatur führen in fast allen Sportarten zu einer einseitigen Entwicklung der Hauptarbeitsmuskulatur. Das Training ist auf die Entwicklung dieser Muskeln ausgerichtet, während die übrigen Muskeln vernachlässigt werden. Hierdurch können Haltungsdefizite[4] entstehen. Beim Kletterer ist hier die Ausbildung eines „Klettererrückens" typisch.

Links: Typischer Klettererrücken. Die durchs Klettern gut trainierte Brustmuskulatur zieht die Schultern nach vorne. Die - im

---

[4] Von Haltungsdefiziten spricht man, wenn überproportional entwickelte Leistungsmuskeln unzureichenden Nichtleistungsmuskeln an einem Gelenk gegenüberstehen.

Vergleich zur Brustmuskulatur – schwachen Gegenmuskeln am Schultergelenk können die Schulter nicht in der normalen Position halten. **Rechts:** Normaler Rücken.

Ursache hierfür ist die gut entwickelte Muskulatur der Innenrotatoren des Oberarms, die bei allen Formen des Klimmziehens zum Einsatz kommt. Demgegenüber stehen die schwach entwickelten Außenrotatoren des Oberarms. Aufgrund der extremen Belastungen der Innenrotatoren verlagern diese Ihren Arbeitswinkel aus der normalen Position, wodurch die Außenrotatoren chronisch gedehnt werden. Die Brustmuskulatur ist scheinbar verkürzt. In der Folge kommt es vermehrt zu einem Nachvorneziehen (Protraktion) der Schulter. Dies kann zu Beschwerden im Bereich der Schultermuskulatur und im Extremfall zu Gelenkbeschwerden führen.

Um dieser Gefahr vorzubeugen, sollte regelmäßig ein Ausgleichstraining absolviert werden. Entgegen der bisherigen Auffassung ist hierbei die scheinbar verkürzte Muskulatur <u>nicht</u> zu dehnen, da das, wie im Kapitel Beweglichkeitstraining beschrieben, ähnliche Effekte wie ein Krafttraining hat. Das Problem wird so eher verstärkt. Hingegen ist die schwächere Muskulatur der Gegenspieler zu kräftigen.

Die gleichen Probleme können auch bei der Finger- und Handbeugemuskulatur entstehen. Bekannte Erkrankungen sind der Tennis- und Werferellbogen. Hier sind entsprechend die Fingerstrecker zu kräftigen.

Trainingsinhalte im Ausgleichstraining

Das Ausgleichstraining wird als Erhaltungsprogramm einmal wöchentlich oder vierzehntägig durchgeführt. Bei bestehenden Beschwerden sollte es 2 bis 3-mal pro Woche absolviert werden, sofern dies beschwerdefrei möglich ist. Das Programm besteht aus sechs Kräftigungsübungen und zwei Dehnübungen. Je absolviertes Programm gibt es 20 Punkte.

Muskelgruppe Fingerstrecker	Kräftigen: 20 WH, 3 Serien, 1 min Serienpause
Beschreibung: Ein Gummiband um die Finger spannen und gegen den Widerstand strecken.	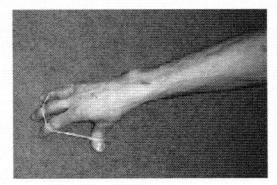

Muskelgruppe Schultergürtelmuskulatur	Kräftigen: 10 WH, 3 Serien, 1 min Serienpause
Beschreibung: Im Stehen wird mit nach vorn gestreckten Armen am Theraband gezogen, bis die Ellbogen in Verlängerung der Schulterachse kommen. Die Schulterblätter sollen sich dabei annähern, Hände und Ellbogen befinden sich stets auf Schulterhöhe.	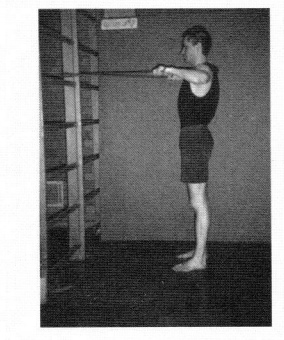

Muskelgruppe Schultergürtelmusku-latur	Kräftigen: 10 WH, 3 Serien, 1 min Serienpause
Beschreibung: Ausgangsstellung ist stehend, das Theraband wird mit beiden Händen gefasst und hinter den Rücken geführt, die Hände befinden sich auf Schulterhöhe, die Handflächen zeigen nach außen. Aus dieser Position werden die Arme zur Seite gestreckt, wobei die Handflächen stets nach außen zeigen, bis die Arme in Verlängerung der Schulterachse gestreckt sind und Rumpf und Arme ein T bilden.	

Muskelgruppe Schultergürtelmusku-latur	Kräftigen: ins Klettertraining miteinbeziehen
Beschreibung: Seil aufnehmen beim Klettern trainiert auch die Schultergürtelmuskulatur.	

Muskelgruppe Schultergürtelmuskulatur	Kräftigen: 10 WH, 3 Serien, 1 min Serienpause
Beschreibung: Ausgangsstellung ist sitzend, die Arme sind seitlich vom Körper nach unten gestreckt, in den Händen wird eine 1 kg Hantelscheibe gehalten. Aus dieser Stellung heraus werden die gestreckten Arme seitlich angehoben, bis sie in Verlängerung der Schulterachse sind und mit dem Rumpf ein T bilden.	

Muskelgruppe Außenrotatoren Arm	Kräftigen: 10 WH, 3 Serien, 1 min Serienpause
Beschreibung: Ausgangsstellung ist sitzend, das Theraband wird mit beiden Händen gefasst, die Hände sind nach außen gedreht, die Ellbogen liegen am Körper an, die Unterarme zeigen nach vorn und sind um etwa 80° im Ellbogengelenk gebeugt. Aus dieser Stellung werden die Arme aus dem Schultergelenk heraus etwa 50° nach außen gedreht, ohne den Kontakt der Ellbogen zum Körper zu verlieren.	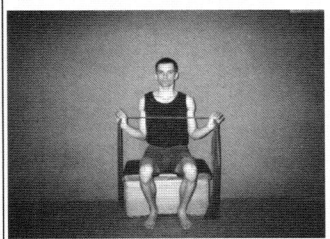

Muskelgruppe Außenrotatoren Arm	Kräftigen: 10 WH, 3 Serien, 1 min Serienpause
Beschreibung: Ausgangsstellung ist eine leichte Schrittstellung, das wandnahe Bein ist vorgestellt, die Ellbogen liegen am Oberkörper an, das Theraband ist in Ellbogenhöhe an der Wand fixiert und wird mit der Wand abgewandten Hand gefasst. Aus dieser Position heraus wird der Arm nach außen gedreht ohne den Ellbogen vom Rumpf zu lösen. Beide Arme werden im Wechsel trainiert.	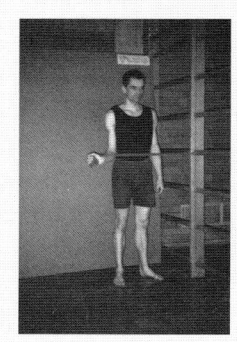

Muskelgruppe Außenrotatoren Arm	Kräftigen: 4 WH mit 10 s Pause = 1 Serie, 4 Serien, 3 min Serienpause
Beschreibung: Man hält in der oberen Hand eine 1 kg Hantelscheibe. Aus der Seitenlage wird der Oberarm des oberen Arms gegen den Rumpf gedrückt und der Unterarm vor dem Körper auf und ab bewegt.	

Muskelgruppe Rumpfmuskulatur	Kräftigen: 10 WH, 3 Serien, 1 min Serienpause
Beschreibung: Ausgangsstellung ist am Boden kniend, der Oberkörper wird auf die Hände gestützt, Hüft- und Schultergelenk sind etwa im rechten Winkel gebeugt (Vierfüßlerstand). Aus dieser Position heraus wird ein Arm und das gegenüberliegende Bein angehoben und bis in Verlängerung des Rumpfes gestreckt, der Blick geht zum Boden. Beide Seiten werden im Wechsel trainiert.	

Muskelgruppe Rumpfmuskulatur	Kräftigen: 10 WH, 3 Serien, 1 min Serienpause
Beschreibung: Lege dich seitlich auf den Boden und stütze dich auf einen Unterarm ab. Hebe das Becken leicht vom Boden ab. Aus dieser Position hebst du das Becken bis Beine und Rumpf eine gerade Linie bilden, dann senkst du das Becken wieder, ohne den Boden zu berühren. Beidseitig trainieren.	

Muskelgruppe Rumpfmuskulatur	Kräftigen: 10 WH, 3 Serien, 1 min Serienpause
Beschreibung: Aus der Bauchlage wird mit den Händen hinter dem Rücken eine Stange so gefasst, dass Daumen und Zeigefinger beider Hände sich berühren. Aus dieser Stellung heraus wird der Oberkörper angehoben, das Gesicht zeigt dabei stets zum Boden.	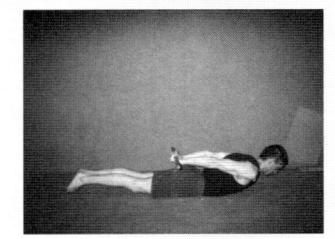

Muskelgruppe Oberarm	Dehnen: 20 s halten, 3 WH
Beschreibung: Im Stand wird ein Arm nach hinten gestreckt und die Hand mit der Handfläche gegen die Wand oder den Türrahmen gelehnt, das Bein dieser Seite ist in Schrittstellung nach vorn gestellt. Nun wird versucht, über die Gegenschulter zu schauen.	

Muskelgruppe Oberschenkel	Dehnen: 20 s halten, 3 WH
Beschreibung: Aus der Rückenlage wird ein Bein gestreckt angehoben und mit einem Handtuch oder Seil an der Fußsohle gefasst und zu sich gezogen, während das andere Bein gestreckt am Boden liegen bleibt. Seitenwechsel.	

Der Körper ist leistungsfähig und auch nicht so verletzungsanfällig, wenn man sich vor Extrembelastungen aufwärmt. Foto: Nico Delaleu.

9 Aufwärmen

Vor dem Klettern muss man sich körperlich und geistig auf die Belastung einstimmen. Dieser Prozess wird als Aufwärmen bezeichnet. Ziel des Aufwärmens ist, verbesserte Ausgangsbedingungen für die muskuläre, organische und geistige Leistungsfähigkeit zu schaffen und das Verletzungsrisiko zu mindern [11].

Arten des Aufwärmens

Man unterscheidet zwischen allgemeinem und speziellem Aufwärmen. Das allgemeine Aufwärmen hat die Aufgabe alle Funktionen des Organismus anzuheben. Dies geschieht in der Regel durch Warmlaufen oder andere Aktivitäten bei denen große Muskelgruppen eingesetzt werden. Das spezielle Aufwärmen ist disziplinspezifisch und dient der Erwärmung der sportartspezifischen Muskulatur. Hier werden Bewegungen aus der jeweiligen Sportart ausgeführt.

Allgemeines Aufwärmen

Ziel des allgemeinen Aufwärmens ist, die Körperkern- und Muskeltemperatur anzuheben, um so eine Verbesserung der Stoffwechselvorgänge zu erreichen. Beim Erreichen einer Optimaltemperatur des Körperkerns von etwa 38,5 bis 39° laufen alle physiologischen Reaktionen mit dem günstigsten Wirkungsgrad ab [12]. Nach der RGT-Regel (Reaktions- Geschwindigkeits-Temperatur-Regel) steigt die Geschwindigkeit der Stoffwechselvorgänge bei einer Temperaturerhöhung von einem Grad um 13%.

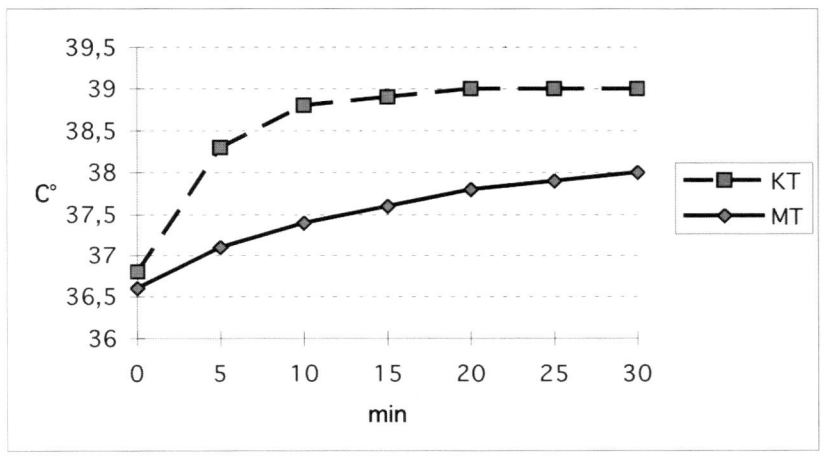

Anstieg der Körperkerntemperatur (KT) und der Muskeltemperatur (MT) bei einem 30-minütigen Aufwärmprogramm

Das allgemeine Aufwärmen bewirkt eine vermehrte
Durchblutung des Gewebes, hierdurch werden die Kapil-
laren weit gestellt und es kommt zu einer verbesserten
Sauerstoff- und Substratversorgung sowie zu einer Zu-
nahme der aeroben und anaeroben Enzymaktivitäten.
Die Erregbarkeit des Zentralnervensystems steigt und
beschleunigt die Reaktions- und Kontraktionsgeschwin-
digkeit der Muskulatur. Alle Sinnesrezeptoren, insbesondere die Muskelspindeln, werden empfindlicher und
verbessern so die koordinative Leistungsfähigkeit. Der
Verletzungsschutz des allgemeinen Aufwärmens wird
durch die Abnahme der viskoelastischen Reibungswi-
derstände in den Muskeln, Sehnen und Bändern bewirkt
[11]. Die Anregung der Synoviaproduktion (Synovia =
Gelenkflüssigkeit) führt zu einer Dickenzunahme der
Gelenkknorpel, wodurch diese besser Druck- und Scher-
kräfte absorbieren können. Hohe Gelenkbelastungen
werden reduziert, was im Fingerbereich besonders wichtig ist.

Spezielles Aufwärmen

Das spezielle Aufwärmen, das Einklettern, soll der Gewöhnung an den spezifischen Bewegungsablauf dienen. Man kann sich an die Felsstruktur, die Temperatur und andere klimatische und lokale Gegebenheiten gewöhnen. Die Arbeitsmuskulatur, insbesondere die der Unterarme, wird verstärkt durchblutet, und die aeroben und anaeroben Stoffwechselvorgänge in den Unterarmen werden angeregt. Ein gutes Erwärmen der Unterarme ist besonders wichtig, da die Temperatur der Extremitäten mit zunehmender Entfernung vom Rumpf erheblich abnimmt. Der Temperaturunterschied zwischen Körperkern und Extremitätenmuskulatur kann bis zu 5° C betragen, wodurch die Leistungsfähigkeit beeinträchtigt wird.

Aufwärmprogramme für Kletterer

Begonnen wird mit dem allgemeinen Aufwärmen durch leichtes Laufen von 10 bis 15 min Dauer. Während des Laufens ist es sinnvoll, einen Softtennisball oder einen Gummiring zu kneten, um die Unterarmmuskulatur zu erwärmen. Darauf folgend wird ein 5 bis 10-minütiges Dehnprogramm absolviert (vgl. Kapitel Beweglichkeitstraining). Anschließend wird mit dem „Einklettern" begonnen. Zusätzlich können noch einfache Kraftübungen wie Klimmzüge oder Hängeübungen durchgeführt werden. Je nach Trainingseinheit unterscheiden sich die Aufwärmprogramme voneinander.

Aufwärmen für ein Krafttraining

Allgemeines Aufwärmen:
- Laufen, Seilspringen, Ergometer, Ballspiele
- sanftes Dehnprogramm der zu beanspruchenden Muskulatur

Spezielles Aufwärmen:
- Ball oder Ring kneten
- leichte Kraftübungen für die zu beanspruchende Muskulatur (Klimmzüge, Hängeübungen)

Aufwärmen zum Klettern

Allgemeines Aufwärmen:
- Laufen oder Anstieg zum Fels
- sanftes Dehnprogramm für Unterarme, Arme, Schulter, Beine und Hüfte
-

Spezielles Aufwärmen:
- Ball oder Ring kneten
- Routenklettern mit langsamer Steigerung der Schwierigkeit und Griffgröße
- Im Einstiegsbereich unterschiedliche Griffe halten
- Routenlänge und Neigung sollten der Zieltour entsprechen

In den Pausen sollte durch geeignete Kleidung ein starker Abfall der Körpertemperatur vermieden werden. Nach jeder Trainingseinheit wird durch ein Abwärmprogramm, das aus Auslaufen oder leichtem Ausklettern bestehen kann, die Regeneration beschleunigt.

10 Regenerationsmaßnahmen

„Rest days are best days" lautet ein viel zitierter Spruch unter Kletterern. Tatsächlich sind Ruhetage sehr wichtig, um sich von einer sportlichen Belastung zu erholen. Die Durchführung verschiedener Maßnahmen, wie Auslaufen, Massage und Sauna sowie die richtige Ernährung sind auch für den Kletterer zur Beschleunigung der Regeneration sinnvoll.

Aktive Maßnahmen

Ausklettern

Der Ruhetag oder besser die Regeneration beginnt am Ende des Trainings oder Kletterns mit dem Ausklettern. Zwei bis drei wirklich sehr leichte Route, etwa drei Grade unter der Bestleistung, am Ende des Klettertages helfen, Stoffwechselschlacken wie Laktat schneller abzubauen und die Regenerationsprozesse in Gang zu setzen. Allerdings funktioniert dies nur, wenn die Routen wirklich so einfach sind, dass man nicht einmal andeutungsweise dicke Arme bekommt. Man kann alternativ auch einen leichten Quergang klettern oder einen Softball oder Gummiring für einige Minuten kneten.

Aktive Regeneration

Einen wichtigen Beitrag zur besseren Erholung kann Grundlagenausdauertraining wie Laufen, Radfahren oder Schwimmen am Ruhetag leisten. Hierbei sollte man sich nach den Vorgaben des Gesundheitsminimalprogramms richten.

Muskelkater

Nach ungewohnten, exzentrischen (nachgebenden) Belastungen, nach langer Pause oder nach besonders intensiven Trainingseinheiten treten Muskelbeschwerden in Form von steifen, harten und druckempfindlichen Muskeln auf. Diese Symptome werden als Muskelkater bezeichnet. Die Ursache für den Muskelkater liegt in kleinsten Muskelverletzungen. Das Positive am Muskelkater ist, dass das Auftreten von Muskelkater der beste Schutz vor einem solchen für mehrere Wochen ist [13]. Erleidet man einen Muskelkater, dann sollte man
-   die Muskulatur vorsichtig dehnen,
-   die Trainingsintensität reduzieren,
-   die Muskulatur besser aufwärmen.

Passive Maßnahmen

Massage

Die Massage stellt eine Möglichkeit zum Entspannen und besseren Durchbluten der Muskulatur dar, die man entweder selbst oder von anderen durchführen lassen kann. Je nach Dauer der Massage kann diese während eines Klettertages zwischen den Versuchen oder nach dem Klettern angewandt werden. Die einfachste Form ist die Selbstmassage, die hier an der Unterarmmuskulatur beispielhaft beschrieben wird. Eventuell kann man mit Massageöl oder Creme die Reibung an der Hautoberfläche reduzieren. Jede Massageform sollte etwa 2 bis 3 Minuten durchgeführt werden. Das gleiche Prinzip kann auf andere Muskeln übertragen werden. Wichtig ist, während der Massage den massierten Arm zu entspannen und hoch zu lagern, um einen besseren Blutfluss aus dem Muskel heraus zu gewährleisten. Massiere zum Körper hin und wechsle die Arme.

1. Umfasse den Unterarm mit der Hand und drücke mit Daumen und Handballen den Muskel mit langsamen Pumpbewegungen an verschiedenen Punkten zusammen.

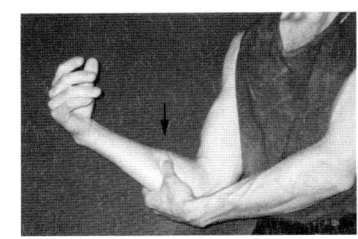

2. Behalte den Griff bei und führe mit dem Daumen kreisende Bewegungen am Unterarm durch.

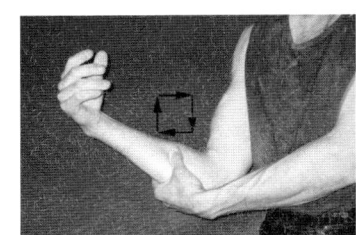

3. Streiche mit dem Daumen quer zum Muskelfaserverlauf über den Unterarm.

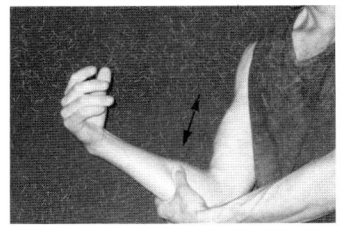

4. Umfasse den Unterarm mit der Hand und streiche vom Handgelenk zum Ellenbogen mit dem flachen Daumen Richtung Körper über den Unterarm.

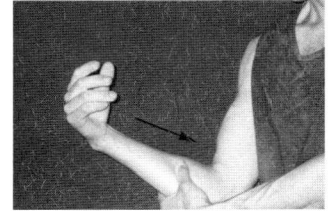

Sauna

In den neueren Kletterhallen ist häufig die Benutzung einer Sauna möglich. Die Wärme der Sauna bewirkt eine Muskelentspannung, der Warm-Kaltwechsel eine verbesserte Durchblutung und somit eine schnellere Wiederherstellung nach ermüdendem Training. Bei einer Saunaanwendung sollten folgende Punkte beachtet werden:

- keine Sauna bei fieberhaften Infektionskrankheiten
- 1 bis 2 Stunden zuvor keine größere Mahlzeit einnehmen
- ein Gang dauert 8 bis 12 min
- nach jedem Gang mit Kaltwasser abgießen (von der Peripherie zum Herzen)
- darauf folgt ein warmes Fußbad und ca. 20 min Pause im Ruheraum
- maximal 2 bis 3 Saunagänge durchführen
- nach der Sauna ausreichend Wasser oder Saft trinken.

Regelmäßiges Saunieren kann die Leistungsfähigkeit des Immunsystems verbessern. Man sollte daher im Winter nach Möglichkeit 1 bis 2-mal je Woche in die Sauna gehen. Wichtig ist, dass bei den ersten Saunagängen die Leistungsfähigkeit des Immunsystems herabgesetzt wird. Die Gefahr, sich zu erkälten, steigt also zunächst.

Pulskontrolle

Im Rahmen der Regeneration ist zu empfehlen, über die Kontrolle des Ruhepulses die individuelle Trainingsbeanspruchung zu kontrollieren. Hierzu wird morgens vor dem Aufstehen der Ruhepuls durch Ertasten am Handgelenk (über 15 Sekunden die Anzahl der Herzschläge zählen, den Wert mit 4 multiplizieren) oder besser mittels Herzfrequenzmessgerät gemessen. Wer dies regelmäßig durchführt, wird nach kurzer Zeit feststellen, dass nach harten Trainingseinheiten die Ruheherzfrequenz am Morgen deutlich gegenüber vorhergehenden Ruhetagen erhöht ist. Notiert man sich die Ruheherzfrequenz über einen längeren Zeitraum, so kann man ein sehr gutes Profil der eigenen Belastbarkeit erstellen und damit sein Training zusätzlich steuern. Bei einer deutlichen Abweichung der Ruhewerte nach oben sollte man das Training reduzieren.

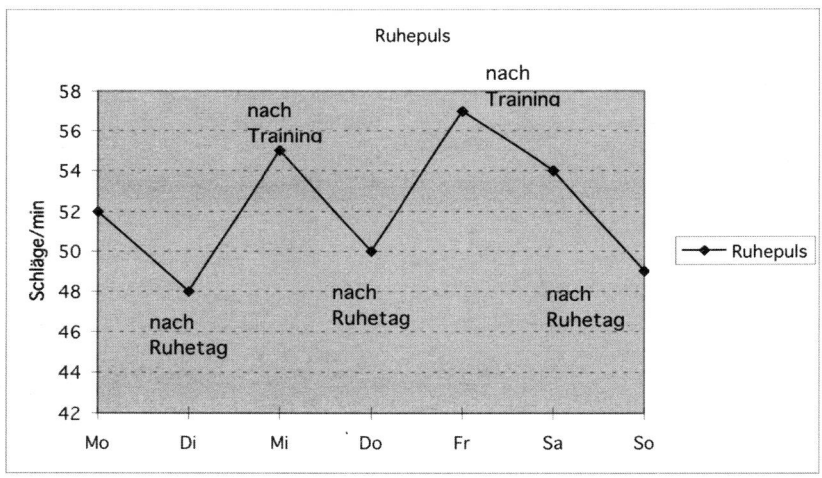

Beispiel für ein Ruheherzfrequenzprofil

Regeneration durch sinnvolle Ernährung

Auch wenn man unmittelbar nach einem anstrengenden Klettertag oder harten Training keinen großen Hunger verspürt, muss man die verbrauchte Energie ersetzen. In den ersten Stunden nach der Belastung ist die beanspruchte Muskulatur besonders aufnahmefähig für die benötigten Nährstoffe. Daher sollte man vor allem nach Kraftausdauertrainingseinheiten kohlenhydratreiche Kost zu sich nehmen. Nur so können sich die gewollten Superkompensationseffekte (siehe Tipp unten) einstellen und die Regeneration verbessert werden. Idealerweise sollte die Nahrung des Kletterers zu etwa 54% aus Kohlenhydraten, zu 28% aus Eiweiß und zu 18% aus Fetten bestehen.

Tipp: Carboloading für Kraftausdauerrouten
Auch für den Kletterer ist es wichtig, mit gefüllten Glykogen-/Kohlenhydratspeichern in einen harten Klettertag zu gehen, an dem Routen mit Kraftausdauercharakter geklettert werden sollen. Hierzu sollte drei bis vier Tage vor dem entscheidenden Tag jeweils eine extensive Kraftausdauertrainingseinheit mit vielen (10 bis 15) Routen etwa zwei Grade unter der Rotpunktleistungsgrenze durchgeführt werden (siehe Kapitel Kraftausdauertraining). Darauf folgen ein bis zwei Ruhetage. Ziel dieses Trainings ist es, die Glykogenspeicher möglichst komplett zu entleeren. Im Anschluss daran sollten ausreichend Kohlenhydrate in Form von Nudeln, Kartoffeln oder Reis mit fettarmer Sauce gegessen werden. Dies bewirkt eine überschüssige Auffüllung der Kohlenhydratspeicher. Beim Carboloading kann es zu einer Gewichtszunahme kommen, da 1 g Kohlenhydrate 2 g Wasser bindet. Dieser negative Effekt dürfte aber durch die positive Wirkung der aufgefüllten Energiespeicher aufgewogen werden. So vorbereitet ist man - zumindest energetisch - optimal präpariert, um eine Topkletterleistung zu vollbringen.

11 Ernährung

„Wie man isst, so ist man." Ein Spruch, der auch im Klettern richtig ist. Gemeint ist, dass ohne eine vernünftige Ernährung das beste Training sinnlos ist. Um sich „gesund" zu ernähren, bedarf es keiner ausgefeilten Diätpläne und teurer Spezialmittel. Wichtig ist, sich ausgewogen zu ernähren und verbrauchte Kalorien wieder zu ersetzen. An dieser Stelle einige Informationen zu den wichtigsten Energie liefernden Nahrungsbestandteilen und zum idealen Gewicht.

Nahrungsbestandteile

Kohlenhydrate

Der Tagesbedarf an Energie wird zu ca. 2/3 aus Kohlenhydraten gedeckt. Dieser Umstand macht Kohlenhydrate zu der wichtigsten Energiequelle des Menschen und zeigt auf, wie wichtig eine ausreichende Versorgung mit Kohlenhydraten für jeden Sportler ist. Die klassischen Kohlenhydratlieferanten sind Nudeln, Reis, Kartoffeln und Brot. Süßigkeiten enthalten ebenfalls viele Kohlenhydrate, aber leider auch sehr viel Fett und sind daher eher ungünstig für die Ernährung. Kohlenhydrate werden im Körper als Glykogen gespeichert, aus dem die Muskeln die benötigte Energie beziehen. Das Glykogen liefert eine relativ große Menge Energie je Zeiteinheit. Dies ermöglicht intensive Belastungen, wie sie beim Klettern auftreten.

Im Körper betragen die Kohlenhydratspeicher etwa 1200-2000 kcal. Dies reicht für 2 bis 3 Stunden intensiver sportlicher Tätigkeit. Bei länger anhaltenden sportlichen Aktivitäten müssen Kohlenhydrate zugeführt werden, um die Leistungsfähigkeit zu erhalten. In einer Stunde ununterbrochenen Kletterns werden von einer 80 kg schwere Person cirka 580 kcal verbraucht. Da man nur selten so lange am Stück klettert, ist also die Kohlenhydratversorgung während einer Route nicht notwendig. Während eines Klettertages hingegen müssen Kohlenhydrate zugeführt werden, um leistungsfähig zu bleiben. Hierzu sind insbesondere Bananen oder Energieriegel geeignet. Beide sind leicht verdaulich, reich an Kohlenhydraten und Mineralien und enthalten wenig Fett. Bananen haben zusätzlich den Vorteil, dass sie preisgünstig sind. Je grüner die Bananen sind, umso geringer ist der Stärkeanteil. Daher sind gelbe, gereifte Bananen zu bevorzugen.

Zusammensetzung von Energieriegeln und Bananen

	Eiweiß	Kohlenhydrate	Fett
Schokoriegel	5	68	18
Müsliriegel	6	65,2	13,6
Energieriegel	15,4	64,6	3,1
Banane	1,1	22,5	0,2
(alle Werte in Gramm je 100 Gramm)			

Fett

Fett ist ebenfalls ein wichtiger Nahrungsbestandteil. Fette sichern unter anderem die Energiebereitstellung bei lang andauernden Belastungen (die Fettspeicher bei einem Mann umfassen etwa 100.000 kcal, sind also durch Sport quasi unerschöpflich). Fette als Energielieferant spielen beim Sportklettern allerdings kaum eine Rolle, da sie nur wenig Energie je Zeiteinheit liefern. Als zweite wichtige Funktion dienen Fette als Lösungssubstanz für die fettlöslichen Vitamine A, D, E, und K. Diese

Vitamine sind für die Sehfähigkeit, den Knochenaufbau, als Zellschutz (Antioxidantien) und zur Blutgerinnung unverzichtbar. Sie kommen in Milch, Gemüse und Obst in ausreichender Menge vor. Werden allerdings Salate oder Gemüse ohne Zugabe von Öl verzehrt, dann können diese Vitamine nicht aus der Nahrung gelöst und aufgenommen werden. In Fetten kommen gesättigte und ungesättigte Fettsäuren vor. Besonders wichtig sind die ungesättigten (essentiellen) Fettsäuren, da diese dem Körper durch die Nahrung zugeführt werden müssen. Wichtig ist, den Anteil an gesättigten Fettsäuren, wie sie vorwiegend in Fleisch vorkommen, niedrig zu halten und den Anteil der ungesättigten Fettsäuren hoch zu halten. Letztere kommen beispielsweise in Seefisch vor.

Eiweiße

Eiweiße sind im Gegensatz zu Fetten und Kohlenhydraten mit Ausnahme von extremen Notsituationen kein Energielieferant. Die Funktion der Eiweiße liegt im Aufbau von Muskeln, Knochen, Sehnen und Bändern sowie der Herstellung von Hormonen, Enzymen, usw. Aufgrund der Gewebe aufbauenden Funktion der Eiweiße sind sie für den Sportler sehr wichtig. Durch das Training werden die Gewebe (Knochen, Bänder, Sehnen und Muskeln) zum Teil mikrotraumatisiert, sie erleiden Miniverletzungen. Der Muskelkater ist ein Beispiel hierfür. In der Erholungsphase zwischen den Trainingstagen werden über Eiweiße diese Miniverletzungen kuriert. Die täglich zugeführte Menge an Eiweiß sollte etwa 1 bis 3 g pro kg Körpergewicht betragen. Bei einer ausgewogenen Ernährung wird diese Menge mit der normalen Nahrung aufgenommen. Eine weitere Zufuhr von Eiweiß über spezielle Präparate ist also in der Regel nicht notwendig. Tierische Eiweiße enthalten mehr essentielle Aminosäuren und werden besser verwertet als pflanzliche Eiweiße. Eine

Ausnahme stellt Soja dar, das ähnlich gut wie tierisches Eiweiß aufgenommen wird. Als Nachteil tierischer Eiweiße, besonders beim Fleisch, ist die häufige Kombination mit Fetten zu sehen.

Vitamine

Die Bedeutung der fettlöslichen Vitamine ist bereits angesprochen worden. Weitere Vitamine sind die wasserlöslichen B- Vitamine und Vitamin C. Die B-Vitamine sind für den gesamten Stoffwechsel wichtig, Vitamin C ist ein Antioxidanz und hat positiven Einfluss auf das Immunsystem. Bei einer ausgewogenen Ernährung mit Obst und Gemüse wird der tägliche Vitaminbedarf in den Industrieländern durch die normale Nahrung gedeckt. Insbesondere Vitamin C ist sehr vielen Nahrungsmitteln zugesetzt.

Mineralien

Ein weiterer wichtiger Bestandteil der Nahrung sind Mineralien. Ihre Funktion liegt in der Sicherung der Stoffwechselvorgänge im Körper. Für die Aktivität der Muskeln sind vor allem Natrium und Kalium zuständig. Die Mineralien Magnesium, Eisen und Zink sind die Bausteine der Enzyme und für den Sauerstofftransport wichtig. Mangelt es an Mineralien, kann die Leistungsfähigkeit negativ beeinflusst werden. Mineralien gehen beim Sport vorwiegend durch das Schwitzen verloren. Beim Klettern sind diese Verluste allerdings gering. Daher kann bei ausgewogener Ernährung auf die Einnahme von hoch konzentrierten Mineralienpräparaten verzichtet werden. Die wichtigsten Mineralien kommen in ausreichender Menge in der täglichen Nahrung vor. Getreide, Obst und Gemüse sind reich an Kalium, Salate reich an Magnesium. Für den Knochenaufbau ist Kalzium wichtig, das in Milchprodukten vorkommt. Bei Vegetariern kann die Aufnahme von Eisen problematisch sein, da dieses fast ausschließlich durch Fleisch aufgenommen wird. Während oder nach dem Klettern sind Fruchtsaftschorlen zu empfehlen, da diese reich an Mineralien sind.

Kalorien und Gewicht

Kalorienbilanz beim Kletterer

Beim Klettern muss das eigene Körpergewicht bewegt werden, daher ist ein günstiges Kraft-Lastverhältnis von Vorteil. Dies führt dazu, dass viele Kletterer mit Diäten ihr Körpergewicht niedrig halten und sich unterkalorisch ernähren. Die Bedeutung der Kohlenhydrate, Fette und Eiweiße für die Gesundheit und Erhaltung zahlreicher Prozesse im Körper macht aber deutlich, wie wichtig eine ausgewogene Ernährung und ausgeglichene Kalorienbilanz ist. Eine dauerhafte unterkalorische Ernährung führt in kurzer Zeit zu einem Leistungsabbau. Untersuchungen zeigen, dass zumindest Leistungskletterer, die täglich 2 Stunden trainieren, sehr wenig Fett und Gesamtkalorien zu sich nehmen. Verstärkt wird dieses ungünstige Essverhalten oft noch durch die mangelnde Ausgewogenheit der Nahrung.

Vergleich der Nährstoffaufnahme verschiedener Personengruppen mit den Empfehlungen der DGE [14]

	Eiweiß (%)	Fette (%)	Kohlen-hydrate (%)	Alkohol (%)	Energie (kcal/kg)
Empfehlung	12-15	35	50-55	0	35-40
Normalbevöl-kerung	14	40	42	4	40
Ausdauersport-ler	13	36	49	2	50-60
Leistungsklet-terer	15	26	56	3	35-45

Um dieser Fehlernährung entgegen zu wirken, muss die Qualität der Nahrung erhöht werden. Also weniger Kuchen, Süßigkeiten und „Junk Food" mit kurzkettigen Kohlenhydraten und Fett essen. Dafür sollten mehr langkettige Kohlenhydrate, wie sie in Nudeln, Reis usw. enthalten sind, und hochwertige Fette aufgenommen werden. Hierzu gehört auch, regelmäßig kleine Mahlzeiten zu sich zu nehmen und nicht bis zum Gefühl des Heißhungers mit dem Essen zu warten. Die tägliche Energieaufnahme sollte ca. 2000 kcal bei der Frau und 2500 kcal beim Mann plus ca. 400-500 kcal je Stunde Training (hiermit ist nur die Zeit gemeint, in der man sich bewegt) nicht unterschreiten.

Idealgewicht

Im Zusammenhang mit der Ernährung steht auch das Körpergewicht. Sicherlich sind unter den Kletterern besonders viele Personen mit einem leichten Körperbau. Dennoch sollte aus gesundheitlichen Gründen, aber auch um die optimale Leistungsfähigkeit zu haben, ein

Mindestgewicht nicht unterschritten werden. Ein aussagekräftiges Maß, mit dem man sein „ideales" Körpergewicht bestimmen kann, ist der Body Mass Index (BMI). Ein normaler BMI liegt in der Normalbevölkerung beim Mann zwischen 20 und 25 bei der Frau zwischen 19 und 24. Beim Kletterer dürften Werte bis 18 noch als tolerierbar anzusehen sein. Werte darunter deuten Ernährungsstörungen an, die bis zur Magersucht führen können. Für Kinder und Jugendliche gelten eigene Grenzwerte.

Berechnung des BMI:

BMI = Gewicht in kg / Größe in Metern^2
Beispiel:
Größe 1,76 m; Gewicht 65 kg BMI = 65 / 1,76^2 = 20,98

Je geneigter die Routen werden, desto weniger macht sich ein optimales Kraft-Last-Verhältnis bemerkbar. Foto: Martin Schepers.

12 Leistungstests

Um den Trainingsprozess steuern zu können, empfiehlt es sich, regelmäßig etwa alle drei Monate einen Leistungstest durchzuführen. Hier werden die individuellen Schwächen erkennbar, die im Training verbessert werden müssen. Diese Leistungsüberprüfung dient vor allem dem Vergleich der Werte einer Person zu verschiedenen Zeitpunkten. Das hier dargestellte Testprofil deckt die wesentlichen konditionellen Komponenten der Kletterleistung ab. Zur Durchführung wird folgendes Material benötigt:

- Maßstab
- analoge Personenwaage
- Trainingsbrett mit Griffen
- ein Satz Hantelscheiben
- Reckstange
- Umlenkvorrichtung (Seilrolle)
- 2 m Reepschnur
- 2 Stühle oder Barren
- Stoppuhr

Der Kletterer sollte vor den Tests gut ausgeruht und aufgewärmt sein. Die Testbedingungen sollten möglichst konstant gehalten werden.

Krafttests

Die Krafttests dienen der Feststellung der statischen Maximalkraft und Maximalkraftausdauer der Fingerbeuger sowie der positiv-dynamischen Maximalkraft der Arme.

Maximalkraft der Finger

Der Kletterer steht auf einer Waage und zieht mit einem Arm maximal an einer Leiste für das erste Fingerglied (2 cm, rechtwinklig). Gemessen wird die maximale Entlastung, die über 1 bis 2 s gehalten werden kann. Die maximale Entlastung errechnet sich aus der minimalen Anzeige der Waage subtrahiert vom Körpergewicht.

Beispiel: Der Kletterer wiegt 65 kg, die Waage zeigt bei Entlastung noch 15 kg an, dann beträgt die maximale Entlastung 50 kg.

Durch die Verwendung von Zusatzgewichten kann gegebenenfalls das Abheben des Kletterers von der Waage vermieden werden.

Test zur Ermittlung der Maximalkraft der Fingerbeuger.

Maximalkraftausdauer der Finger

Die Maximalkraftausdauer der Fingerbeuger wird an einer 2 cm Leiste, an der beidarmig mit einem Zusatzgewicht von 30% des Körpergewichtes gehangen wird, bestimmt. Gemessen wird die maximale Haltezeit.

Maximalkraft der Armbeuger

Die Armbeugerkraft wird durch ein-
oder beidarmigen Klimmzug an einer
Reckstange ermittelt. Begonnen wird
bei einem Ellbogenwinkel von 150°.
Ausgeführt ist die Übung, wenn das
Kinn über die Reckstange kommt. Ist
die Ausführung des Klimmzugs nicht
möglich, dann wird mit Hilfe der Umlenkvorrichtung eine Gewichtsentlas-
tung vorgenommen. Gewichtsentlas-
tungen werden mit einem negativen,
Zusatzgewichte mit einem positiven
Vorzeichen versehen [15].

Maximalkraft der Armstrecker

Die Feststellung der Maximalkraft der Armstrecker erfolgt durch eine Stützbeuge. Diese wird an einem Barren
oder zwei Stühlen, beginnend bei einem Ellbogenge-
lenkswinkel von 90° bis zur Streckung ausgeführt. Ge-
wertet wird die bewegte Masse, also Körpergewicht ±
Zusatzgewichte oder Entlastung. Die Entlastung erfolgt
über die Umlenkvorrichtung.

Beweglichkeitstests

Seitgrätschen

Die allgemeine seitliche Beweglichkeit
der Hüfte wird mittels Querspagat im
Sitzen gemessen. Der Proband sitzt
dazu mit dem Gesicht zur Wand, beide
Füße sind an der Wand, die Beine sind

gestreckt. Es wird versucht, die Füße möglichst weit zu spreizen. Die Arme werden hinter dem Körper abgestützt. Gemessen wird der Abstand vom Schambein zur Wand.

Rumpfbeugen vorwärts

Die allgemeine Beweglichkeit der Lendenwirbelsäule, der hinteren Oberschenkelmuskulatur und der Wade wird durch den Test Rumpfbeugen vorwärts ermittelt. Hierzu steht der Proband auf einem Kasten und senkt bei durchgestreckten Knien den Rumpf nach unten. Gemessen wird der Abstand von der Fingerspitze zum Standniveau. Wird das Standniveau unterschritten, so wird der Abstand mit einem positiven Vorzeichen versehen, andernfalls mit einem negativen.

Dokumentation

Die Leistungswerte werden zur genauen Dokumentation in einer Leistungsprofilkarte eingetragen, mit deren Hilfe Veränderungen gut feststellbar sind.

Updates & Infos unter:

www.tmms-verlag.de

Leistungsprofilkarte	Datum
Geburtsjahr _____	max. Onsight im lfd. Jahr _____
Kletterjahre _____	max. RP im lfd. Jahr _____
Trainingsjahre _____	Größe (cm) _____
Gewicht (kg) _____	
Fingerkraft	**Armstrecker**
max. Entlastung links (kg) **21/26*** _____	Zusatzgewicht (kg) **25/23** _____
max. Entlastung rechts (kg) **21/26*** _____	
Maximalkraftausdauer der Finger	**Beweglichkeit**
Haltezeit (s) **27/42** _____	Seitgrätschen (cm) _____
	Rumpfbeugen vw (cm) **+7/+8** _____
Armbeuger	
max. Zusatzgewicht links (kg) ± - **9/-4** _____	max. Zusatzgewicht rechts (kg) ± - **10/-4** _____

Leistungsprofilkarte zur Dokumentation der Testleistungen. Die **fett** gedruckten Werte stammen von 8er (linker Wert) bzw. 9er (rechter Wert) Kletterern und können zum Vergleich herangezogen werden [16, 17].

* Einfingrig mit Ring bzw. Mittelfinger.

114

13 Trainingsplanung

Die Trainingsprinzipien besagen, dass das Training regelmäßig, kontinuierlich, altersgemäß und progressiv steigernd sein soll. Um dies zu gewährleisten, ist eine Planung und Steuerung des Trainings notwendig. Man unterscheidet hierbei vier verschiedene Zeitabschnitte. Die Jahresplanung, die Monatsplanung – die mehrere Monate umfassen kann – die Wochenplanung und die Trainingseinheit. Je nach Leistungsstand, und dem damit verbundenen Trainingsaufwand, sind diese Zyklen von unterschiedlicher Bedeutung.

Man sieht, die optimale Trainingsplanung ist eine komplizierte und aufwändige Angelegenheit. Hier sollen zwei Möglichkeiten der Trainingsplanung vorgestellt werden. Zunächst ein aufwändiges und detailliertes, dafür aber sehr effektives Modell für Kletterer, die den Aufwand für die Trainingsplanung nicht scheuen. Im Anschluss daran folgt ein einfacheres Modell für diejenigen Kletterer, denen der Zeitaufwand für eine detaillierte Planung zu groß ist.

Trainingsplanung I: Das aufwändige Modell

Jahresplanung

Im Hochleistungsbereich kann die höchste Leistungsfähigkeit nur über einen relativ kurzen Zeitraum von einigen Wochen gehalten werden und es bedarf einer langen Vorbereitung, um die optimale Leistungsbereitschaft im konditionellen und technisch-taktischen Bereich zu realisieren. Daher ist es sinnvoll, Leistungshöhepunkte und Erholungszeiten für das ganze Jahr im Voraus festzulegen. Im unteren Leistungsbereich ist die Trainingsspezialisierung und Trainierbarkeit noch nicht so ausgereizt, dass zwingend in solch langen Zeitabschnitten geplant werden muss. Zudem spielen beim Freizeitkletterer oft noch organisatorische Hindernisse eine erhebliche Rolle, die im Hochleistungsbereich in den Hintergrund rücken.

Im Sportklettern hat sich eine Doppelperiodisierung mit zwei Leistungsgipfeln im Jahr durchgesetzt [15]. Diese Form der Periodisierung erlaubt das Erreichen der Leistungshöhepunkte zu Jahreszeiten, in denen auch aufgrund der klimatischen Bedingungen optimale Kletterleistungen erbracht und ausreichend lange Regenerationsphasen eingebaut werden können.

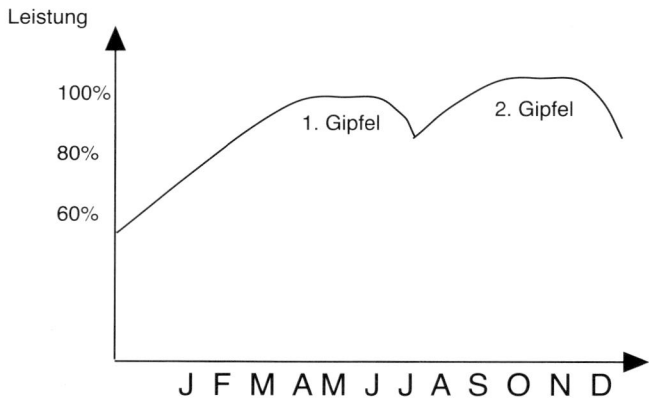

Idealisierter Verlauf der Leistungsentwicklung bei einer zweigipfligen Jahresperiodisierung [15]

Bei der zweigipfligen Periodisierung wird der erste Leistungshöhepunkt nach einer etwa dreimonatigen Vorbereitungsperiode von Januar bis April im Mai und Juni erreicht. Darauf folgt eine drei- bis vierwöchige Übergangsperiode im Juli, bevor die zweite, kürzere, etwa 6-wöchige Vorbereitungsperiode im August beginnt. Der zweite Leistungsgipfel wird Mitte September

zweite Leistungsgipfel wird Mitte September erreicht. Im November und Dezember ist eine längere Übergangsperiode, die der allgemeinen Regeneration dient. In dieser Phase kann die Leistungsfähigkeit bis zu 20% abfallen [15].

Die Trainingsperiode beginnt mit einer zwei bis viermonatigen Vorbereitungsperiode (Vp). Die Trainingsinhalte in dieser Phase richten sich nach den in der Leistungsdiagnostik festgestellten Defiziten des Kletterers (z.B.: Hypertrophie-, Ik-, Boulder- oder Routentraining). Der Zeitraum von zwei Monaten ist notwendig, um die gewünschten Veränderungen (Vergrößerung des Muskelquerschnitts, Erhöhung der Glykogenspeicher, Verbesserung der intra- und intermuskulären Koordination) herbeizuführen. Das Hypertrophie bzw. das intra- und intermuskuläre Koordinationstraining muss jeweils mindestens 8 bis 10 Trainingseinheiten in Folge durchgeführt werden, um die Anpassungserscheinungen auszulösen.

An die Vorbereitungsphase schließt sich eine etwa vierwöchige Leistungsperiode an, in der ergänzend Schnellkraft und sportartspezifische Kraftausdauer (lange Boulder, Routen) trainiert werden. Darauf folgt eine 1 bis 2-wöchige Übergangsperiode.

Trainingsmethoden im Verlauf eines Jahres

Periode	Ziel	Hauptmethoden	zusätzlich
Vp I	Kraft	Hypertrophie (8 Wochen), Intram. Koordinationstraining (4 Wochen) Bouldern, kurze Routen	Technik/Taktik, Beweglichkeit, Grundlagenausdauer, Ausgleichstraining
Vp II	Kraftausdauer	aerob, anaerob längere Boulder, Routentraining	wie oben
Leistung	Leistung	Schnellkraft, Bouldern, Routentraining	wie oben
Üp	Regeneration	Interm. Koordination, GLA, leichtes Training	Sauna, Massage,...

Idealerweise sollte der langfristige Aufbau mit einer Vorbereitungsperiode Schwerpunkt Kraft (Vp I) beginnen, dann folgt die Vp II mit dem Schwerpunkt Kraftausdauer, darauf dann die Leistungsphase. In Abhängigkeit von der gewünschten Wettkampfleistung werden im Ausdauertraining der Vp II bevorzugt Maximalkraft- bzw. intensive Kraftausdauermethoden (Trainingsziel: Boulder, kurze Routen) und extensive Kraftausdauermethoden (lange Routen, Onsight, Wettkampf) angewandt.

Um den gemischten Anforderungen im Klettern gerecht zu werden, wird lediglich der Trainingsschwerpunkt auf den jeweiligen Bereich gelegt. Ergänzend kommen noch Kraftausdauer oder Krafteinheiten, Technik- und Taktiktraining, Beweglichkeit, Grundlagenausdauer- und Ausgleichstraining hinzu.

Wichtig: Die nachstehenden Planungen gelten nur für die Vorbereitungsperioden, in der übrigen Zeit wird das Punktesystem nicht angewandt.

Monatsplanung

Die mittelfristige Trainingsplanung der Vorbereitungsperiode erfolgt für einen Monat im Voraus. Die Intensität und die Trainingsinhalte wechseln nach oben genannten Kriterien. Damit die Belastungssteigerung allmählich erfolgt, wird ein vierwöchiger Zyklus gewählt, bei dem sich der Trainingsumfang kontinuierlich steigert. Begonnen wird mit einer Woche mit 60%, dann 80 bzw. 100%, abgeschlossen wird mit einer Ruhewoche mit 40% des maximalen Umfangs, der sich am individuellen Leistungsstand orientiert.

Wochenplanung

Grundlage der Wochenplanung ist das Punktesystem, bei dem die für die jeweilige Woche vorgegebene Punktzahl aus dem Monatsplan erreicht werden soll. Punkte werden für jede Übung im Krafttraining, für Routen und Boulder im Kraftausdauertraining, für das Beweglichkeits-, Ausdauer- und Ausgleichstraining vergeben. Die Anzahl der Punkte wird bei jeder Übung genannt. Im Trainingsplan auf der nächsten Seite können dann die am Trainingstag erreichten Punkte eingetragen werden. Durch die Punktevorgabe für jede Woche wird die Trainingsplanung und -kontrolle vereinfacht. Ein Teil der Trainingsinhalte ist im Wochentrainingsplan durch Sollvorgaben bestimmt, das heißt, diese Trainingsinhalte sollen unbedingt gemacht werden. Als Orientierungshilfe für die Bestimmung der Wochenpunkte kann man Anzahl und Aufteilung der Wochenpunkte der folgenden Tabelle entnehmen.

Wochenpunkte der verschiedenen Leistungsstufen

Be-reich (Grad)	Punkte je Woche bei 100%		Kletterspezifi-sche Punkte (Kraft, Kraft-ausdauer, Technik/ Tak-tik)	Allgemeine Punkte (GLA, Beweglichkeit, Ausgleichs-training)
Bis 7	150	(125-175)	1/2 der Punkte	1/2 der Punkte
7 bis 8	250	(225-275)	1/2 der Punkte	1/2 der Punkte
Über 9	400	(375-425)	2/3 der Punkte	1/3 der Punkte
Über 10	500	(450-550)	2/3 der Punkte	1/3 der Punkte

Nächste Seite: Kopiervorlage Wochentrainingsplan

	Mo	Di	Mi	Do	Fr	Sa	So	Ist	Soll
Kraft									
Oberarm / Schulter; Hypert.; 10, 12 P.									
Finger gestellt / hängend; Hypert.; 10, 12 P.									
Oberarm / Schulter; Intram. K.; 1 WH = 1 P.									
Finger gestellt / hängend; Intram. K.; 1 WH = 1 P.									
Hangelpyramide; Interm. K.; 10 P.									
Systemtraining; Interm. K.; 1 WH = 1 P.									
Bouldern; Interm. K.; 3-10 P. s. Subj. Schwierigkeitsskala									
Bauchmuskeln; Hypert.; 10 P. bei 30 WH; 5 P. bei 15 WH									
Kraftausdauer									
Grundbereich; 3-5 P.									
Entwicklungsbereich; 3-10 P.									
Grenzbereich; 5-10 P.									
Technik/Taktik (vgl. Köstermeyer: Klettertechnik 2002)									
Übungen aus dem Bereich; je 20 min = 20 P.									
Beweglichkeit									
Top-Ten Programm; 5 P.									
Grundlagenausdauer									
Joggen; 30 min = 15 P.; 45 min = 25 P.									
Rad fahren; 60 min = 15 P.; 80 min = 25 P.									
Sportspiele; 30 min = 20 P.									
Ausgleichstraining									
Übungsprogramm; 20 min = 20 P.									

121

Die Jahresperiodisierung legt die Leistungshöhepunkte auf bestimmte Ziele, wie hier auf den Yosemite-Urlaub, fest. Foto: Martin Schepers

Wichtig! Der Wochentrainingsplan wird nur zur Doku-
mentation des Trainings in den Vorbereitungsperioden
eingesetzt.

Hinweis: Ein System mit Zahlen ist immer leicht zu
rechnen, es darf aber nicht so strikt gehandhabt werden
wie es die Zahlen vorgeben. Das System soll eine Leitli-
nie darstellen und nicht ein Fünfjahresplan sein.

Trainingseinheit

Die Auswahl der Inhalte einer Trainingseinheit bleibt jedem Sportler selbst überlassen, hierfür stehen die Übungen in den entsprechenden Kapiteln zur Verfügung.
Grundsätzlich besteht eine Trainingseinheit aus Aufwärmen, dem Haupttrainingsteil und dem Abwärmen. In einer Trainingseinheit ist zu beachten, dass Technik und
Taktik vor Kraft trainiert und Kraft vor Ausdauer werden.
Die Punkte für die einzelnen Übungen ergeben sich aus
dem Punktesystem.

Trainingsplanung II: Ein einfaches Modell

Das oben vorgestellte Modell der Trainingsplanung wird
den meisten Kletterern zu aufwändig sein. Anhand von
zwei Beispielkletterern wird daher nun ein einfaches Modell der Trainingsplanung beschrieben. Durch die Ein-
fachheit unterliegt es natürlich einigen Einschränkungen.

Beispiel1: Susanne

Susanne klettert sicher im oberen 6ten bis zum 7ten
Grad und möchte sich auf 8- steigern. Sie geht zweimal,
maximal dreimal die Woche zum Klettern. Neben dem
Klettern geht sie je einmal wöchentlich in ein Fitnessstu-
dio und 30 bis 45 Minuten Joggen. Beim Klettern hat sie
technisch keine Probleme, sie beherrscht das Eindrehen
und setzt die Füße sehr gut. Kleine Probleme hat sie

beim Merken von Bewegungsabläufen. Beweglichkeit und Kraft (sie schafft mehr als 10 Klimmzüge) sind bei ihr gut entwickelt. Ihre Durchstiege scheitern an der Kraftausdauer.

Was sollte sie trainieren?
Zum Erhalt der Kraft sollte sie weiterhin einmal wöchentlich im Kraftraum trainieren. Hier kann sie ergänzend Ausgleichstraining und Beweglichkeitstraining durchführen. Auch das wöchentliche Joggen sollte sie nach Möglichkeit beibehalten. Im Bereich Technik sollte sie versuchen, das Merken von Bewegungsabläufen durch entsprechende Übungen zu verbessern. Diese Trainingseinheit kann sie mit Kraftausdauertraining kombinieren. Den Trainingsschwerpunkt sollte sie auf das Kraftausdauertraining legen. Soweit die örtlichen Gegebenheiten es zulassen, sollte sie in einer Trainingseinheit in der Woche bevorzugt längere Routen klettern (aerobes Kraftausdauertraining).

Der Trainingsplan
Susanne plant in vier Wochen einen Kletterurlaub. Sie absolviert ein gemischtes Training mit dem Schwerpunkt Kraftausdauer. In der zweiten Woche steigert sie den Umfang, d.h. sie erhöht die Wiederholungszahlen im Krafttraining und steigert die Routenzahl im Kraftausdauertraining. Joggen und Techniktraining bleiben über die vier Wochen konstant. In der dritten Woche steigert sie die Intensität durch Erhöhung der Widerstände im Krafttraining und schwierigere oder steilere Routen im Kraftausdauertraining. Die vierte Woche dient der Regeneration. Sie sammelt ihre Kräfte für den anstehenden Kletterurlaub, in dem sie hoffentlich ihr Wunschziel, eine Route im unteren 8ten Grad, klettert.

		Mon	Die	Mitt	Don	Frei	Sam	Son
Woche1	Start	Joggen	Kraft		T/KA		KA	
Woche2	plus Umfang	Joggen	Kraft		KA		KA	
Woche3	plus Intensität	Joggen	Kraft		T/KA		KA	
Woche4	Regeneration		Joggen		KA		T	

Trainingsplan Susanne. T = Technik; KA = Kraftausdauer;
leer = Ruhetag

Beispiel 2: Tim

Tim ist ein technisch guter Kletterer und beherrscht den oberen 8ten Grad. Er klettert 3 bis 4-mal die Woche in der Halle
oder am Fels und hat eine gute Kraftausdauer. Neben dem
Klettern betreibt er keinen anderen Sport. Beim Klettern liegen
seine Probleme vorwiegend in der fehlenden Maximalkraft. Er
hat sich zum Ziel gesetzt, dieses Jahr einen 9er zu klettern.

Was sollte er trainieren?

Neben dem Erhaltungstraining für die Kraftausdauer
sollte Tim sein Krafttraining forcieren. Auf seinem Leistungsniveau muss das Training spezialisiert werden und
neben Trainingsübungen am Klimmzugbrett oder Cam-
pusboard auch Trainingsformen beinhalten, bei denen
die Bewegungstechnik trainiert wird. Hier sind beispielsweise Systemtraining oder Bouldern geeignet. Am
Klimmzugbrett trainiert er seine Fingerkraft alle Finger-
stellungen. Zur Verbesserung der Oberarm- und Körper-
kraft trainiert er beispielsweise Uneven-Pull-Ups oder an
der Ropeladder. Zur Leistungssteigerung auf seinem
Niveau sind bereits relativ hohe Trainingsumfänge und -
intensitäten notwendig, daher sollte er zur besseren Regeneration ein-, besser aber zweimal pro Woche Grundlagenausdauertraining absolvieren. Zur Verletzungspro-
phylaxe sollte er in den vier Wochen zweimal ein Ausgleichstraining durchführen.

Der Trainingsplan

Sein Trainingsziel versucht er durch eine langfristige Planung zu erreichen. Im Frühjahr absolviert er einen 4-Wochenplan, dem eine erste zwei- bis dreiwöchige Leistungsphase am Fels folgt. Danach beginnt er, nun mit gesteigerten Umfängen und Intensitäten, einen zweiten 4-Wochenplan. Mit diesem erreicht er (hoffentlich) sein Trainingsziel und klettert den ersten 9er.

		Mon	Die	Mitt	Don	Frei	Sam	Son
Woche1	Start	Joggen		Kraft	B		Kraft	KA
Woche2	plus Umfang	Joggen + A		Kraft	KA		Kraft	KA
Woche3	plus Intensität	Joggen		Kraft	B		Kraft	KA
Woche4	Regeneration		Joggen		Kraft	Joggen + A	KA	

Trainingsplan Tim. KA = Kraftausdauer; B = Bouldern oder Systemtraining; A = Ausgleichstraining

Die wichtigsten Grundsätze für die Trainingsplanung:

– Intensität kommt vor Umfang.

– Trainiere zuerst Kraft, dann Kraftausdauer, dann Ausdauer!

– Trainiere nie mehr als zwei, maximal drei Tage am Stück! Ruhetage heißt nicht nichts tun. Aktive Regeneration beschleunigt die Erholung.

– Erwarte nicht zu viel in zu kurzer Zeit. Sei geduldig und baue deine Leistung langsam auf. Strohfeuer brennen hell, aber kurz.

– Klettern gehen heißt nicht automatisch auch trainieren. Unterscheide deutlich zwischen beiden!

– Plane dein Training auch für einen längeren Zeitraum. Wann willst du fit sein, wann kannst du fit sein, wann brauchst du Erholung?

– Mach dir Notizen zum Training, um herauszufinden, welches Training dir am meisten bringt!

Klettern und trainieren gehören zwar zusammen, aber man muss beides deutlich voneinander trennen. Foto: Martin Schepers

14 Anhang

Trainingsgeräte

Um optimal trainieren zu können, haben viele Kletterer Klimmzugbalken oder Kletterwände zu Hause oder in privaten Räumen. Insbesondere Klimmzugbalken sind oft, Platz sparend über der Tür angebracht, ein gutes Trainingsgerät. Ebenso ist es kein Problem, ein paar Kurzhanteln oder ein Theraband zu Hause zu haben. Geräte wie Campusbrett oder Kletterwand findet man in der Regel in Kletteranlagen oder in Trainingsräumen.

Die verschiedenen Geräte sollen hier – mit Tipps für die optimale Gestaltung – kurz beschrieben werden. Einige Trainingsgeräte sind auch einfach selbst herzustellen.

Klimmzugbrett / -balken

Es gibt ein breites Angebot von Kunstharzbrettern, bei deren Auswahl auf ergonomische Griffformen und eine akzeptable Rauigkeit geachtet werden sollte. Man kann aber auch einfach auf ein Holzbrett ein paar Leisten schrauben. Dies ist oft wesentlich preiswerter und Holzgriffe sind nicht so rau, so dass Hautreizungen und -verletzungen vermieden werden. Die Trainingsbretter sollten Griffe für die gestellte und hängende Fingerstellung haben sowie ein paar Sloper (Aufleger) und Zwei- und Dreifingerlöcher. Ebenso ist eine Befestigungsmöglichkeit für eine Seilrolle oder ein Deuserband zur Entlastung erforderlich.

Campusbrett / Hangelbrett

Ein Campusbrett oder Hangelbrett ist vor allem für Kletterer ab dem 9. Grad sinnvoll einzusetzen. Hier sollten die Griffe nicht zu klein sein, damit nach Möglichkeit die

Finger nicht spitz gestellt werden müssen. Geringe Griffabstände von 20 bis 30 cm sind optimal, da so eine Vielzahl von Trainingsvariationen ermöglicht wird. Die Neigung des Bretts sollte etwa 20° betragen. Die Leisten sollten mindestens 1,5 bis 2 cm breit und abgerundet sein. Größere Leisten sind für das Oberkörpertraining notwendig.

Ropeladder

Hauptsächlich für den oberen Leistungsbereich ist eine Ropeladder ein optimales Trainingsmittel. Man kann diese einfach aus einem alten Seil und Kunststoffwasserrohren (alternativ Holz) bauen. Hierzu die Wasserrohre auf 30-40 cm lange Stücke zerschneiden und an den Rändern durchbohren. Auf ein Seil schieben und mit einem Knoten im gewünschten Abstand (30 bis 50 cm) fixieren. Um die Rohre griffiger zu machen, kann man sie mit Tape umkleben. Die Ropeladder muss nun lediglich zwischen zwei Bäumen (Fels,...) mittels Jümar oder Gardaknoten gespannt werden.

Rollgriff

Einen Rollgriff zur Variation des Klimmziehens an der Reckstange kann man leicht selbst bauen. Hierzu kauft man im Baumarkt ein Abflussrohr mit Durchmesser 4 oder 5 cm, umwickelt dieses mit Tape und schiebt es über die Reckstange.

Kurzhanteln

Kurzhanteln mit variablen Gewichten werden für das allgemeine Training benötigt und können im Fachhandel erworben werden. Die Gewichtsscheiben können dann auch als Zusatzgewicht zum Training benutzt werden.

Theraband

Für das Ausgleichstraining benötigt man ein 1,5 m langes rotes (die Farbe gibt die Stärke an) Theraband, Deuserband oder ähnliches. Fachhandel.

Gummiring, ...

Zum Aufwärmen der Finger sind Gummiringe, Softtennisbälle, Schaumstoff, Grifftrainer usw. zu empfehlen. Letztlich entscheiden der persönliche Geschmack und der Geldbeutel.

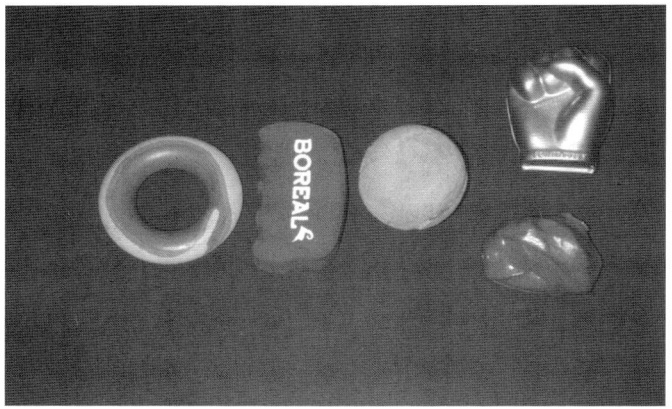

Aufwärmgeräte

Entlastungsvorrichtung

Ganz wichtig ist eine Entlastungsvorrichtung, entweder in Form von Seilrolle und Hantelscheiben oder mittels Deuserband.

Systemwand

Das Systemtraining sollte an einer Wand durchgeführt werden, an der je Übung 3 gleiche Griffe symmetrisch für links und rechts übereinander bzw. spezielle Systemtrainingsgriffe montiert sind. Für die Füße sollten ausreichend Trittmöglichkeiten vorhanden sein.

Herzfrequenzmesser

Zur Kontrolle der Trainingsintensität im Grundlagenausdauertraining ist ein Herzfrequenzmesser äußerst sinnvoll. Dies muss kein High-Tech-Gerät sein, wichtig ist es, die Eingabemöglichkeit für Ober- und Untergrenze der Herzfrequenz und ein Alarm. Solche Geräte sind für etwa 50 € im Fachhandel und gelegentlich auch in Supermärkten erhältlich.

Literaturverzeichnis

1. Gundlach, *Zu den Strukturmerkmalen der Leistungsfähigkeit, der Wettkampfleistung und des Trainingsinhaltes in den Schnellkraft- und Ausdauersportarten.* 1980, Universtiät Leipzig: Leipzig.
2. Hochholzer, T., Eisenhut, A., *Sportklettern Verletzung - Prophylaxe - Training.* 1993, München: Lochner Verlag.
3. Zintl, F., *Ausdauertraining.* 1997, München: BLV-Verlag.
4. Weineck, J., *Optimales Training.* 1994, Balingen: Perimed-Verlag.
5. Hohmann, A.L., M. Letzelter, M., *Einführung in die Trainingswissenschaft.* 3. Ausgabe. 2003, Wiebelsheim: Limpert Verlag.
6. Köstermeyer, G., *Bestimmung, Bedeutung und Training der lokalen Kraftausdauer der Fingerbeuger im Sportklettern.* 2000, München: ars-una Verlag.
7. MacDougall, J.D.e.a., *Muscle performance and enzymatic adaptations to sprint interval training.* Journal of applied physiology, 1998. **84**: S. 2138-2142.
8. Martin, D., Carl, K., Lehnertz, K., *Handbuch Trainingslehre.* 1993, Schorndorf: Hofmann Verlag.
9. Wiemann, K., , Klee, A., Startmann, M., *Filamentäre Quellen der Muskelruhespannung und die Behandlung muskulärer Dysbalancen.* Dt. Zschr. Sportmedizin, 1998. **49**(4): S. 111ff.

10. Wiemann, K., Klee, A., *Die Bedeutung von Dehnen und Stretching in der Aufwärmphase von Höchstleistungen.* Leistungssport, 2000(4): S. 5ff.

11. Weineck, J., *Sportbiologie.* 1990, Erlangen: Perimed- Verlag.

12. Israel, S., *Das Erwärmen als Startvorbereitung.* Medizin und Sport, 1977(12): S. 386-391.

13. Böning, D., *Muskelkater.* Dt. Zschr. Sportmedizin, 2000. **51**(2): S. 63-64.

14. Zapf, J., *Ernährung von Sportkletterern.* 2001: Bayreuth.

15. Adams, R., *Konditionstraining für Sportkletterer.* 1990, Deutscher Alpenverein: München.

16. Albert, P., *Überprüfung eines Testprofils im Sportklettern.* 1996, TU München: München.

17. Köstermeyer, G., *Training der leistungsrelevanten konditionellen Hauptbeanspruchungsformen im Sportklettern.* 1997, Universität Erlangen: Erlangen.

Der Autor

Guido Köstermeyer begann im Alter von 12 Jahren mit dem Klettern im Ith. Dort konnte er mit „Magnus der Magier" 1987 die erste 10- in Norddeutschland erstbegehen. 1989 zog er in die Fränkische Schweiz, wo ihm die erste Wiederholung von „Wallstreet" 11- gelang. Auch im Wettkampfklettern hinterließ er seine Spuren mit dem Gewinn der Deutschen Meisterschaft 1991 und dem Dritten Platz bei der Weltmeisterschaft im gleichen Jahr. Als erster Deutscher gewann er einen Weltcup-Wettbewerb (Nürnberg 1992). Nach der Wettkampfzeit widmet er sich nun wieder ganz dem Klettern in der Natur, wo er 1995 „Shangrila" 8c+ erstbegehen konnte. Guido Köstermeyer ist promovierter Sportwissenschaftler und Diplom-Trainer Klettern. Er beschäftigt sich speziell mit der Trainings- und Bewegungslehre des Sportkletterns. Von 1998 bis 2000 betreute er die deutsche Sportkletternationalmannschaft.